U0833553

21世纪经济报道
21st CENTURY BUSINESS HERALD

中国最佳品牌建设案例VIII
移动互联时代的品牌建设

主编　王海忠　黎小林　高山
联合出品　中国品牌战略研究中心
21世纪研究院品牌研究中心

南方日报出版社
NANFANG DAILY PRESS
中国·广州

图书在版编目（CIP）数据

中国最佳品牌建设案例Ⅷ / 王海忠， 黎小林， 高山主编. -- 广州：南方日报出版社，2017.10

ISBN 978-7-5491-1754-3

Ⅰ. ①中… Ⅱ. ①王… ②黎… ③高… Ⅲ. ①品牌—企业管理—案例—中国 Ⅳ. ①F279.23

中国版本图书馆CIP数据核字(2017)第245061号

ZHONGGUO ZUIJIA PINPAI JIANSHE ANLI

中国最佳品牌建设案例Ⅷ

主　　编：王海忠 黎小林 高山
出版发行：南方日报出版社
地　　址：广州市广州大道中289号
出 版 人：周洪威
责任编辑：刘志一 陈　静
装帧设计：冯荻庚
责任技编：王兰
责任校对：阮昌汉
经　　销：全国新华书店
印　　刷：广州市怡升印刷有限公司
开　　本：787mm×1092mm　1/16
印　　张：10
字　　数：100千字
版　　次：2017年10月第1版
印　　次：2017年10月第1次印刷
定　　价：38.00元

投稿热线：（020）87373998-8503　读者热线：（020）87373998-8502

网址：http://www.nanfangdaily.com.cn/press　http://www.southcn.com/ebook

发现印装质量问题，影响阅读，请与承印厂联系调换。

前言

互联网背景下的中国品牌精准营销

品牌是企业的重要无形资产，也是企业市场开拓的一柄利器。随着中国“一带一路”及“中国制造 2025”等相关国家战略的推进，加快中国企业的国际知名品牌建设成为走向国际市场的一项迫切任务。同时，相关国际品牌评估机构的数据表明（Interbrand、财富 500 强等），我国企业的品牌建设已经取得了一些成就，2016 年两家企业（华为、联想）跻身 Interbrand 100 强。因而，总结我国企业的品牌建设经验，探索一些成功案例，有助于我们了解和认识我国企业品牌建设所面临的特殊任务和环境，帮助我们正确理解环境所带来的企业机会威胁，并在此基础上制定合适的品牌战略。

本书选择了八个来自于不同行业的品牌案例，八个品牌均在 2016 年品牌建设中取得佳绩，在“中国品牌‘金象奖’”评选中获优胜奖。这些企业在品牌建设与传播过程中，既有共同的特点，也有各自的特性。其中一个重要共性就是面对互联网技术正在深入渗透社会生活方方面面的背景，大胆探索把互联网技术整合应用到企业的发展战略之中，从而推动企业品牌营销创新。“+ 互联网”战略正成为各个品牌案例的重要之举。基于此，不同行业、不同品牌成长历史的企业纷纷制定相应的品牌与营销战略，以应对互联网技术所带来的挑战。

本书的八个案例由于各自企业成长历史存在差异，各自的处境有所不同，因而品牌战略也各具特色。华为荣耀依托华为的强大品牌优势，试图直接介入互联网营销当中，实现其网上营销的品牌战略。当然，在这个过程中荣耀需要处理好渠道关系，因而其网络营销战略是一种渐进式的品牌策略。1919隔壁仓库则是从一个小批发店逐渐成长为全国知名的网络平台，其品牌战略从某种意义上来讲需要在企业内部进行战略转型，因而需要处理众多的内部关系、渠道关系等。在公益品牌打造方面，平安人寿走得很远，通过不断完善一年一度的客服节活动，平安人寿力图在客服节活动方面推出自己的品牌标准，希冀成为公益品牌的行业领导者。招商银行则以一幢大楼为基础，不断衍生出各种拟人化的礼品、礼节活动等等，从而让消费者感知公司的温暖，提升消费者对公司的情感和品牌认同。广发银行是在新技术改变人们的工作生活的前提下，试图发现新的市场机会。其对于“智抠族”的发掘和定位表明，广发银行成功地发现了互联技术对人们的工作生活所带来的变化以及新市场的需求特点。长安信托“山间书香”则是在加强与消费者互动的基础上，强化了多个层面的互动，包括消费者、捐助者、受捐对象等等。广发证券“青春助力”，利用互联网技术，倾力打造一个公益品牌，加强与消费者之间的互动，从而提升了顾客的忠诚度。橙 e 网则主要关注如何更好地整合互联网技术，打造一个集金融、物流、销售等多方位的网络平台，加强金融领域的生态圈建设。

本书是全国知名财经媒体 21 世纪经济报道与中山大学中国品牌战略研究中心合作的产物。中国品牌战略研究中心植根中国市场挖掘最佳品牌实践，构建国际前沿理论，从而推动国际品牌理论和实践前行。本书希望向中国商界与学界分享近年来应用互联网技术创新营销实践的几个最佳品牌代表。让我们共同为促进中国品牌的成长奉献智慧与力量！

21 世纪研究院品牌研究中心

21 世纪研究院品牌研究中心是 21 世纪经济报道发起，由品牌咨询机构、品牌专家、高等院校、企业、媒体等共同参与成立的全国性社会团体组织，旨在对中国品牌建设行为进行有效研究，寻找中国品牌建设的路径与方法，推动中国品牌的健康成长，提升中国品牌的国际竞争力。该中心将不定期地出版相关书籍、研究报告，召开学术研讨会，培训专业人员等，并协助举办“中国品牌价值管理论坛”“中国品牌‘金象奖’”，为政府、企业、专家、学者、媒体提供一个品牌对话、品牌交流的高端平台。

中国品牌战略研究中心

中国品牌战略研究中心于 2007 年 5 月成立，依托中山大学。中国品牌战略研究中心作为市场营销、品牌管理领域的知识创新、智慧集成与战略咨询机构，致力于研发国际前沿的品牌营销理论，挖掘工商界的最佳品牌实践，推动企业打造世界一流品牌，构建中国特色的品牌知识体系。

中国品牌研究中心拥有理论功底深厚、战略咨询经验丰富的专家团队。王海忠主任现为中山大学管理学院教授、博士生导师、中山大学市场营销学科学术带头人，获清华大学经济管理学院市场营销博士后。2009—2010 年在美国密西根大学 Ross 商学院交流访问，并分别在 2005 年对美国营销科学研究院（MSI）、2007 年对哈佛商学院等进行学术教学访问。同时，兼任中国市场营销学术界最权威中文期刊《营销科学学报》（JMS）联合主编、中国管理现代化研究会营销管理专业委员会副主任委员、法国格勒诺贝尔管理学院（Grenoble Ecole de Management）工商管理博士 DBA 导师、国家工信部科技司“工业企业品牌培育专家委员会”成员、国家质检总局首席质量官《品牌管理》主讲教授，获“品牌·十年”卓越贡献人物（2003—2013）。在品牌管理领域取得了全国领先的学术成就。

中国品牌战略研究中心不断进行国际前沿理论创新。主持国家教育部重大课题攻关项目、国家自然科学基金多项。在国际权威期刊*Journal of Consumer Psychology*、*Journal of Retailing*、*International Journal of Research in Marketing*、*International Journal of Advertising* 等发表 SSCI 论文多篇；在国内权威期刊《管理世界》《管理科学学报》《经济研究》等发表论文数十篇。出版的系列著作包括《高级品牌管理》《品牌管理》《中国金融品牌营销创新》《重构世界品牌版图》《品牌杠杆》《品牌测量与提升》《消费者民族中心主义》《如何让改变发生——负面原产国刻板印象逆转的心理机制》《消费者对企业社会责任的响应》《品牌负面信息影响机制研究》《名人组合代言效应研究》等。

中国品牌战略研究中心服务过的政府机构主要有国家工信部、国家质检总局、国家商务部、国家农业部、国家工商行政管理总局等中央政府机构，广东省、山东省，广州市、珠海市、佛山市、宁波市、湘西州等省级或市级地方政府。内容涉及知名品牌培育、中国制造、地区品牌形象、地区营销战略等。

服务过的企业主要有腾讯、宝洁（中国）、Google、韩国 Kotra、美国 Coors、中国银行、招商银行、中国电信、中国移动、中国石油、华润集团、中国南方航空、中国南方电网、美的集团、立白集团、坚美铝材、TCL、格兰仕、海信科龙、深圳迈瑞、志高空调、广东省广新集团、广药集团、鹰牌陶瓷、东鹏陶瓷等。

中国品牌战略研究中心观点覆盖的媒体主要有人民网、新华网、中国社会科学网、凤凰卫视、澳亚卫视、南方电视台、湖南卫视台、广州电视台、《经济参考报》、《中国经营报》、《21 世纪经济报道》、《经济观察报》、《南方都市报》、《广州日报》、《羊城晚报》、《时代》等。

目录

荣耀

把握互联网时代的脉搏

2016年双十一，荣耀获京东＋天猫双十一安卓手机销售额冠军，总销售额超22亿元，增长超40%，超第二名1亿元以上。更值得一提的是，此次荣耀成为全网唯一一家在权威科技媒体实时直播战绩的品牌——全程直播天猫双十一后台数据。换句话说，荣耀是史上最真实的双十一冠军。

互联网手机市场形势日新月异，能够在惊涛骇浪的市场竞争中勇夺冠军，体现的不只是技术实力，更是对于市场脉动的精准把握。荣耀这只“笨鸟”是如何飞得更高的？未来还会继续在互联网的天空翱翔吗？

第一节 笨鸟破壳

一、互联网手机——手机领域的革命

互联网技术应用于手机，彻底改变了手机的使用功能及产品购买目标，传统的电话、短信功能让位于互联网的手机应用，从而大大拓宽了手机的应用范围，也终将为手机市场的洗牌带来一场又一场革命性的风暴。相关数据显示，移动互联网将是中国商业的一个重要领域。截至2013年12月，中国网民规模达6.18亿人，全年共计新增网民5358万人，互联网普及率为45.8%，较2012年底提升3.7个百分点；同时，中国手机网民规模达5亿人，较2012年底增加8009万人，网民中使用手机上网的人群占比提升至81.0%。更令人惊叹的是，我国网民中农村人口占比28.6%，规模达1.77亿人，相比2012年增长2101万人。这些数字的背后，潜藏的是互联网手机的巨大商机，能不能把握这一机会，将直接决定相关企业未来的命运。

网民数量的增加以及互联网手机的广泛应用，带来了网络购物的蓬勃发展。2013年网络购物市场交易金额达到1.85万亿元，较2012年增长40.9%。2013年网络零售市场交易总额占社会消费品零售总额的7.9%。与此同时，20—29岁的用户人群是网络购物市场的主力军，所占比例高达56.4%；其次是30—39岁的用户人群，所占比例为22.5%。这一切说明，互联网手机时代将是年轻人唱主角，谁能抓住年轻人的心，谁就能在互联网手机领域脱颖而出，铺就一条通往新兴领域的明星之路。

二、华为荣耀：“笨鸟”不笨

正是在这个大变革时代，华为荣耀瞄准了商机，试图在互联网手机领域一试身手，中流击水，力求成为时代的弄潮儿。2013 年 12 月 16 日，荣耀品牌独立，同时推出荣耀 3C、荣耀 3X，同步发布的还有同时支持路由器和充电宝功能的新品喵王。荣耀品牌正式作为华为的一个移动互联网子品牌而“单飞”，主打年轻消费群体，两款新机的背面也都换上了“honor”的 LOGO。新机于 2013 年 12 月 17 日至 25 日在华为商城和京东商城开始预订，荣耀 3C 1G RAM 版本售价 798 元，2G 版本售价 998 元。

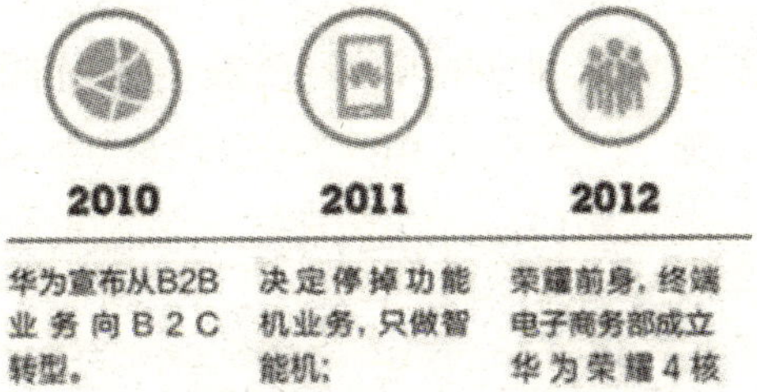

图 1　荣耀如何从华为“孵化”出来

作为传承荣耀家族血统的新一代产品，荣耀 3C 不仅充分继承了荣耀产品超长续航、杰出信号和优良品质三大特质，更在外观、拍照、屏幕、整体性能等多个方面全面提升，从而再度定义了荣耀产品的标准，彻底颠覆了消费者对千元智能机的体验。荣耀 3X 配备了 5.5 英寸屏幕，分辨率同荣耀 3C 一致均为 720P，机身尺寸为 149.5mm × 77.4mm × 8.9mm，看上去比荣耀 3C 还要薄一点。机身整体造型也更加圆润，握持感舒适。相比荣耀 3C，荣耀 3X 显然拥有更高的配置和更好的体验。

荣耀的单飞，是为了实现一个新的品牌定位。荣耀提倡以“笨鸟精神”做企业，让品质为产品代言，以极致的产品和服务为核心，为年轻人做手机。荣耀以“勇敢做自己”为核心输出价值观，并通过“GO！勇敢！荣耀自己”“叛逆的正能量”等系列年度品牌活动，引领新青年文化，加速品牌全球扩张，在全球分享中国荣耀，全面开启荣耀时代。因而，荣耀的定位是面向年轻人的全球互联网科技领导品牌。

第二节　品牌成长之路

一、年轻的心

荣耀品牌定位于面向年轻人的全球互连网科技领导品牌，预示着荣耀品牌需要在三个方向上发力：年轻、互联网和科技。保持一颗年轻的心是荣耀成功的关键因素之一，荣耀的消费者是年轻人，把握年轻人的消费趋势及消费潮流成为必须。“荣耀是用产品与年轻人对话，用产品逐渐地改变和提升荣耀品牌在用户和粉丝心中的印象。产品做好了的时候，就会获得消费者的认可。”荣耀总裁赵明如是说。

荣耀用户使用互联网业务的时间要明显长于华为用户，这表明它的用户更多是年轻人，事实上荣耀在18—35岁的用户中也确实比华为有更多粉丝。荣耀的用户更喜欢通过手机消费、玩游戏，连游戏类型都与华为的品牌属性不同。华为预装的战争游戏特别多，对应更多男性用户，这与华为手机硬朗、商务的造型不无关系；而荣耀用户则更喜欢休闲、益智类的游戏。该属性使荣耀赢得了更年轻的用户，也提升了荣耀品牌的知名度。益普索的数据显示，荣耀的品牌知名度已经从2014年的54%上升至2015年7月的67%。

消费者是年轻的，竞争者也是年轻的。荣耀的竞争者有小米、联想、一加、金立等，它们同样将用户定位在18—25岁的年轻人。尤其是小米，最早开启了互联网手机的“小米模式”。2013年的双十一，天猫的手机销售冠军就是小米，成绩是34万部、销售额5.53亿元——当时，荣耀品牌尚未成立。同样地，2014年双十一，小米以116万部的销量、15.6亿元的销售额夺冠。战胜竞争对手成为荣耀的一个重要决策依据。为此，荣耀开始与亚马逊等电商合作，以网上销售迅速扩展渠道，同样发展粉丝、请明星代言、举办见面会……

赵明认为，荣耀的目标是做面向年轻人的互联网科技第一品牌，为此，荣耀需要吸收全球优质的文化和设计基因，关注全球年轻人对普世之美的追求和看法。包括品牌代言人，也是选择能与品牌真正契合的人选。国内跟吴亦凡合作，法国选择 Louane Emera，在全球选择布鲁克林·贝克汉姆，一直是希望传递正能量的品牌形象，让荣耀的正向积极精神可以成为一种新青年文化。

通过网上社区发展粉丝是与客户联系的重要方式。荣耀倡导一种“理性社群观”，尊重每一位粉丝个人的思维和他的选择。荣耀只通过产品与粉丝进行联结，对误导粉丝的行为零容忍。荣耀所有官微营销的东西，允许适当夸张的互联网语言，但绝不允许走极端。荣耀还在拓展与消费者、粉丝沟通的渠道，包括互联网的搜索平台，还有线下的渠道。通过花粉流程，建立和完善与用户沟通的触角。

以年轻消费者为目标市场，荣耀的每一款产品都致力于带来一些独一无二的体验，不会简单地与 ODM 合作或者拼价格、拼配置。荣耀坚持以品质、创新和服务为核心的战略控制点，使每一款产品都承载荣耀对市场、对趋势和对消费者需求的理解。

● 技术 / 研发层面：荣耀坚持以差异化创新，面向年轻的互联网人士，打破看似不可能的各项技术极限，致力于为互联网用户提供极致产品和服务。

● 双旗舰的产品线布局：2016 年，推出荣耀 8 和荣耀 V8 双旗舰的产品线布局，分别面向不同需求消费群体，为用户带来差异化体验，荣耀进入全新的品质、创新进化阶段。

● 沟通人群层面：以用户体验为出发点，面向不同消费群体，给用户更多选择，带来差异化体验，为同质化市场提供丰富多样的产品。

二、互联网运营模式

除了拥有一个年轻的心，还需要利用年轻人的平台——互联网来发展自己。通过互联网销售荣耀产品是荣耀品牌的必由之路。荣耀是一个年轻且成长快速的互联网品牌，在以互联网营销模式为基础的同时，荣耀建立了立体化的营销模式，即在线上线下举办各种活动，搭建平台，提供话题，让更多认同荣耀价值观的年轻人成为荣耀品牌和产品的主动传播者，从而助力荣耀在品牌认知度、偏好度以及最终的市场销售层面取得成功。依托互联网，荣耀主要的媒体传播策略有：

● 以年轻人习惯的互联网环境为阵地，形成以微博微信、电商平台、花粉俱乐部为主要渠道的营销优势，扩大与消费者沟通与交流的空间，以面向年轻人的态度，在不同渠道讲不同的故事，拉近与年轻群体的距离，用更快捷、更低成本的方式，把让利空间留给消费者。

● 扩大线下体验渠道，以高校花粉俱乐部为主要渠道，搭建荣耀窝作为品牌体验基地，通过定期的线下活动与粉丝、用户进行深度互动，提高粉丝、用户对荣耀品牌的忠诚度，进而把线下用户导到线上。

● 在全球不同区域市场启用本地化品牌代言人的策略，与年轻且新潮的受众群体深层沟通；同时，在跨界体育（FISE 极限运动）、音乐（荣耀制噪者校园乐队大赛）、影像（荣耀青年·逐光者）、电竞（王者荣耀）等不同领域，分享“勇敢做自己”的品牌精神和敢于创新的品牌理念，进入新青年生活，建立独特的荣耀式对话体系，与新青年群体建立强烈、紧密的情感共鸣。

配合媒体营销策略，荣耀还实施了依托互联网的媒体公关策略：

● 线上，通过目标客户群体接触的线上媒体，输出相关传播热点，引导媒体关注热点，对于年轻目标群体传递带有荣耀特质的新青年文化。

● 线下，荣耀会用符合线下的媒体形式与客户进行沟通，并通过一系列的营销动作，达到荣耀的产品销售目标，实现与年轻群体的价值共鸣。

三、科技领先战略

年轻人是进取的，年轻人是开拓的，年轻人也是引领潮流的。要想占领年轻人的阵地，需要不断开拓进取，研发新产品，成为行业的引路人。因而，荣耀以年轻人为目标市场，注定要在科技研发方面引领时代潮流，以创新产品打动目标客户的心。“产品王道战略”是荣耀的不二选择。这一点由荣耀的产品系列可见一斑。

1. 产品系列

● 荣耀 Magic：探索未来科技之作，是荣耀对尖端科技进行无止境探索的代表，期待为用户带来更便捷的智慧生活。

● 荣耀数字旗舰系列：主打潮流美学，如荣耀 8、荣耀 7、荣耀 6、荣耀 6 Plus 等，是 2000 元价位手机，满足对功能与个性有极致需求的用户。

● 荣耀 V 旗舰系列：定位极致科技，荣耀 V8 是 V 系列旗舰首款产品，是一款承上启下之作，以科技驱动（双摄、长续航、2K 屏、VR）强化科技认知，面向追求极致科技体验的消费者，致力于成为最受年轻人喜爱的科技旗舰。

● 荣耀 NOTE 系列：主打娱乐化体验，6.6 英寸 2K Super AMOLED 的大屏旗舰手机荣耀 NOTE8，与侧重极致科技的荣耀 V8、主打潮流美学的荣耀 8 组成三旗舰阵容，面向年轻消费者。

● 荣耀畅玩系列：以快科技为理念，旨在满足互联网上更加活力的年轻人畅享新科技的快感。

● C 系列：含荣耀畅玩 3C、荣耀畅玩 4C、荣耀畅玩 5C 等，千元以下，主要为 5 寸的全民手机，满足所有人基础需求。

● X 系列：荣耀畅玩 3X，荣耀畅玩 4X、荣耀畅玩 5X 等，千元偏上，主要为5.5寸的大屏手机，满足用户酷玩的需求。

● A系列：荣耀畅玩4A、荣耀畅玩5A，是千元以下首款支持全网通的手机，满足青少年求新求变的需求，并让全网通手机进入全民普及时代。

● 数字系列：荣耀畅玩4、荣耀畅玩5，千元以下，主打质价比，满足所有人基础需求。

● 荣耀跨界系列：主要为消费者提供平板手机跨界产品，如X1、X2。

● 荣耀智能穿戴及智能家居产品：如智能手环zero、智能手表S1、荣耀路由、荣耀路由Pro、荣耀盒子voice、荣耀盒子Pro、荣耀路由Pro游戏版等，荣耀智能穿戴及周边产品围绕个人健康与生活、工作、家庭、娱乐等全场景构建，并通过与第三方伙伴合作，向用户提供完整解决方案和服务。

2. 产品技术领先性

荣耀产品对设计、技术、体验进行了大胆创新和突破：

● 荣耀Magic，是荣耀探索未来的第一款人工智能产品，荣耀借此在人工智能、大数据、云计算等多元技术领域进行布局，引领手机行业进入智慧时代。

● 荣耀8，以15层工艺打造的背部极光玻璃，引领智能手机从千机一面到一机千面。

● 荣耀V8，积极探索VR领域，提倡全民看VR，推动VR的普及与发展。

● 荣耀7，独创智灵键，首次实现了消费者在移动互联生活上的突破性体验。

● 荣耀6，全球首款搭载八核4G Cat6芯片的手机。

● 荣耀6 Plus，2014年发布的第一款双镜头手机。搭载了800万像素的后置“仿生平行”双摄像头，并以暗光、夜景和逆光拍照等方面作为核心卖点。

3. 产品用户领先性

荣耀在产品上勇于创新，依托华为集团丰厚的研发底蕴和实力，成为华为前沿新技术的试验田。这也是荣耀目标消费人群的需求决定的。荣耀的目标群体是一群主动探索并愿意尝试新鲜事物的年轻消费者，身为千禧一代，他们追逐潮流，渴望先人一步了解最新的科技与资讯。荣耀将最新技术应用在产品上，也是为了满足这群人的需求。

第三节　逆势上扬

一、互联网手机的冬天

经历了 3 年多的高速增长之后，2014 年末到 2015 年初，互联网手机天花板效应显现，互联网手机的寒冬即将到来。2015 年第二季度，中国市场智能手机销量下跌 10%，是全球智能手机主要市场中唯一下滑的。具有全球最完备供应链的中国手机制造业开始洗牌，供应商倒闭的消息在 2015 年下半年不断传来。

全球智能手机出货量处于下滑态势，已是不争的事实。在高歌猛进之后很快就遇到销量增长的天花板，是因为当下的智能手机遭遇创新困境，在硬件围城中无法突破，自然也就无法形成足够的驱动力，去刺激消费者更换新机。尤其是国产手机厂商，在硬件创新陷入停滞之后，对下一步的发展显得非常茫然，不知所措。在失去硬件比拼、性价比等常规竞争手段和宣传噱头后，国产手机厂商的竞争力或许会直线下降。在这样的态势下，以新思路破局成为当务之急。

归根结底，互联网手机的寒冬到来的缘由主要是硬件和系统创新的乏力，导致了手机下游制造商的产品同质化。从硬件来看，主要的处理器还是一些陈年旧货，诸如高通的骁龙 820、主流屏幕分辨率 1080P 等。就连智能手机的灵魂——系统都陷入了停滞。安卓 6.0 已经进入市场多年，却鲜有影响力，普及率依然不高。微软的表现也不乐观，旗下的 Windows Phone 一直在计划当中，难于付诸实践。

在上游创新停滞的负面影响下，下游智能手机厂商也只能做出一些无关宏旨的微创新。LG 推出所谓的首款模块化手机 G5，手机“下巴”能更换电池、相机模块和音乐模块；一直处于下滑态势的 HTC，仅仅是发布三款中端机型，为了体现区别，在背部采用了全新泼彩配色。至于索尼发布的 Xperia X 系列，依然是在外形、材质上做文章，系统、体验的提升乏善可陈。

在软、硬创新减缓的大趋势下，国际主流智能手机厂商尚且如此，善于主打硬件牌的国产手机厂商更是尝尽了苦头。配置趋于雷同、深度定制系统体验恶劣、外形毫无亮点……就是目前大部分国产智能手机的真实写照。太过同质化的手机怎么能让消费者爱起来呢？销量下滑自然也就在情理之中了。

二、敢问路在何方

1. 智能手机向智慧手机迈进

在行业总体不景气的情形下，各大厂商瞄准了深挖智能手机的潜力，由单纯的硬件 PK，逐渐变为注重消费者体验。而国产手机厂商也将因为系统定制质量的高低、实用功能的多少、人性化体验的不同等，逐渐走上差异化发展路线。智能手机的发展必将是智慧手机（人工智能 + 智能手机）。

未来智能终端的形态变得多种多样，也更加智能。大量人工输入输出计算的涌现以及大量传感器的应用，将缩短人类获取信息的时间。同时，移动终端设备目前已经出现了很多不同的形态：平板、智能手机、智能穿戴设备、VR、眼镜类智能设备等。而在未来，移动终端的形态还会超出想象，能带来更强的功能性与更好的易用性。基于此，荣耀致力于让科技和人文更好的结合，为年轻人提供极致科技、极致体验的产品。

荣耀人认为，智能手机正站在向智慧产品发展的一个时代转折点。从简单的雏形，到引入越来越多智能的、智慧的功能。

●未来30年，人工智能将高度普及，而人工智能最有效的载体将是智慧手机。这种趋势驱动荣耀率先发力，推出了面向未来的荣耀Magic。

●智慧手机时代，手机将远远超越目前通话和上网的功能，成为每个个体的贴身助理甚至人的分身，同时向现实世界和人发起信息流。

●未来会产生两个关键改变：一方面是改变手机与现实世界的关系，包括主动认知现实世界和现实世界间的交互；另一方面，是改变手机和人的关系，手机从以前的被动使用，变成主动认知，双向沟通。智慧手机通过这样的信息管理架构，来应对信息文明的进一步爆炸。

●荣耀将依托华为的研发体系，持续打造“端”“联接”“云”和“芯”四方面的基础能力，实现智慧手机蓝图的重要布局。

赵明认为，实现由智能手机向智慧手机的迈进，手机设计的方方面面都应该向更有挑战的工艺发展，如更高的处理速度、更快的显示以及手机与VR技术的结合、更好的握持感、更长的续航等。具体的增长空间首先是芯片，我们从20纳米，到今年的16纳米、14纳米，可能未来会走向10纳米、7纳米，随着芯片集成度的进一步提高，整体的芯片处理功耗是降低的。

另一方面，电池密度，从650毫安到680毫安，甚至更大，同样的结构、尺寸能支持更大的电池容量，3000毫安已成为智能手机的基本配置了，目前更逐步发展到3500毫安、4000毫安。随着功耗进一步降低，电池尺寸的进一步增大，续航的体验就会越来越好。第三是屏幕分辨率。荣耀V8手机已能驾驭2K屏了，在VR时代，2K屏会逐步成为标配。

此外整体上会有更多的交互和感应的内容，未来手机能够理解你的身体行为和信号，包括触觉、视觉、运动等，然后做出相应反应。未来智能手机一旦向智慧手机的实现发展，手机将成为你身体的一个“器官”，帮助你去感知世界，帮助你去把自身的能力延伸。

2. 线上线下深度融合

可以说，荣耀从一出生就跟互联网结下了不解之缘。2013年12月16日，第一款冠以荣耀之名的手机正式上线。一开始销量不大，还遭到线下经销商的干扰。为缓解实体店经销商的压力，团队与渠道方面做了具体沟通。在荣耀的运营人员看来，互联网品牌在线下最大的作用，不是它的利润对经销商们的吸引力，而是它的热度能给实体店铺引流。

为了能给店铺带来足够的热度，一款新品上线发布前，需要做很长时间的线下准备。对于核心零售客户，荣耀留出足够的耐心，逐步做到线上线下同步发售、一夜店面换装等活动。这不仅减轻了线下经销商的压力，也让消费者有较好的消费体验：既可在网上预约，也可在线下零售实体店预约。消费习惯渐渐从线下体验过渡到线上体验，荣耀逐步减少了对实体店铺的投入，开始有选择地运营一些核心实体店。

华为内部的认识也逐步明确：由市场、品牌和营销驱动的互联网模式对传统模式的影响，并没有传统认为的那样严重。

内部创业的荣耀，在一点点挑战华为原有的界限。

做互联网手机之前，华为员工的来源主要是电信业，比较单一。后来，包括租赁公司、互联网公司等不同行业的人才都开始进入华为和荣耀品牌。

事实上，作为移动互联网时代崛起的手机品牌，与不同行业的广泛合作成为华为需要熟悉的新模式。2015年10月27日，荣耀在成都发布荣耀5X时，便与游戏公司跨界合作。

现在，华为、荣耀和国内所有大型的互联网公司都有合作。这形成了在挣扎中成长的荣耀乃至华为终端的独特血统。

新的运营方式冲击传统的管理体系。

在荣耀，市场和销售等不同组织的员工，可以迅速拉起队伍成立联合项目组，项目完成后又回到各自部门。这样就打破了以前的矩阵格局。同时，内部实行小团队管理模式：先行动，再形成规范和条例。

能在不受太多约束的环境下发展，得益于余承东对荣耀品牌的充分授权。在华为终端业务的管理层看来，荣耀是互联网品牌，管控太多就又跟传统模式一样了。“所以我们的定位越来越清晰，荣耀以线上销售为主，而华为以线下传统模式为主。”赵明接受媒体采访时说道。

2015 年电商的发展也进入了一个新的较量阶段。荣耀各种型号的产品分布在不同的互联网平台上，如何发布相对应的产品，成为荣耀运营团队今年的工作重点：4·8 全球购，5·20 约惠吧，6·18 以京东平台为主，7·22、8·18 与苏宁合作，双十一精力则更多放在天猫上。从 8 月起，荣耀就开始筹划双十一的促销活动。

荣耀在逐渐摸索与天猫等电商平台的合作。针对某些产品，荣耀会让渡一些特殊权益，如 4C、5X 等新品在天猫首发，7i 产品则在京东首发。

与此同时，荣耀也在索取不同的资源：在天猫更侧重阿里系的资源，在京东则更看重腾讯的资源。荣耀和京东合作时会联带调用腾讯的社交资源。2016 年的双十一，荣耀就在微信朋友圈、QQ 资源位做广告。

电商平台对于制造销售“节日”乐此不疲。对于消费者而言，每一个节日更像是电商平台与厂商的“合谋”。苏宁之前对 8·18 好像也没有多热情，后来变成它的节日。如果下一年冒出一个新的平台做 9·9，也是很正常的事情，甚至每一个周年，各类粉丝聚会也将成为节日。

扩展线上渠道，再不像荣耀最初那样为难了。对手们已经清楚地了解扩展的路径，以更低的成本，覆盖更大的人群。隐隐令人感到天花板临近的是，线上渠道逐渐集中在天猫、京东和苏宁等几家平台。线上渠道过于狭窄，未来的竞争会更加激烈。

于是，荣耀开始引入新的玩法，比如众筹、预售，比如根据对手的情况制定策略，如何降价，如何加一元，享受更长时间的联保。

荣耀创立之初，一直坚持“线上为主，线下为辅”战略。从2016年开始，荣耀进一步开展了全渠道销售，线上线下一体化协同发展策略，让更多喜欢荣耀产品的消费者能根据自身的购物习惯，通过不同渠道购买荣耀产品：

- 荣耀渠道能力建设现在进入了纵深阶段，在主流电商平台构建了独立的线上渠道，如天猫荣耀旗舰店、京东荣耀旗舰店等。
- 线下渠道则以轻资产模式，联合战略合作伙伴推进布局，夯实市场及渠道基础。

3. 开拓海外市场

扩展海外市场，也成了荣耀的必由之路。借华为此前在电信业积累的资源能力，荣耀的销售体系是全球一体化的。

荣耀双十一对接的各大电商平台除了天猫，还有俄罗斯、欧洲、印度、越南和东南亚的海外电商销售平台，包括合作和自建两种模式。在欧洲，荣耀则主要和亚马逊合作。

和很多想要进入海外市场的商家一样，荣耀也在慢慢培养海外的“双十一”。

2014年12月16日的荣耀6 Plus发布会上，Google、Facebook、Dropbox和PayPal都派来代表参加。此前，华为消费者云服务总裁苏杰已经在硅谷待了两周，跟每一个参会的国外公司洽谈合作。譬如和Facebook合作，可以通过大数据分析哪些人将是华为潜在的用户。荣耀欲与这些全球顶尖的互联网公司结盟，进一步拓展自己的海外优势。

发展线上渠道，进而发展海外线上渠道，荣耀的路线图清晰起来。2014

年 10 月 28 日，在德国发布荣耀品牌，并推出荣耀 6，在欧洲 14 个国家同步发售。

“中国商人在对的时间到来了。”印度投资机构 Frictionless Ventures 主席 Ravi Gururaj 接受媒体采访时说，“中国互联网 10 年前发生的事情，印度也正在发生。”印度有 16 种官方语言，7 亿青年人口，3 亿中产阶级，这都让手机成了跨越个人电脑、方便连接互联网的最有效手段。

当然，拓展海外市场，很大程度上要依托华为的优势。

1999 年，华为集团在印度城市班加罗尔建立了研发中心，那是华为在海外第一个也是最大的一个研究所，有 3500 多名员工。未来，这里还会新建一个近 8.1 万平方米的园区。2004 年起，华为便与当地的通信商、运营商展开合作定制手机、数据卡等设备。

“海外渠道结构还是比较多元的。”杨莉接受媒体采访时说，作为荣耀海外营销部部长，她从印度市场起步。在这里，荣耀总结出“1+N+X”的渠道结构，“1”是自有电商，“N”是指印度的 Flipkart、亚马逊或中东的 SOUK 等主流合作伙伴，“X”则是其他大大小小的既有线上能力、也有线下能力的合作方。

依赖海外渠道合作的优势在于，在印度这样基础物流薄弱的国家，只有与 Flipkart 这样有三四千人配送团队的伙伴合作，才能把产品送到偏远的地方。

此外，结合当地文化的品牌活动、面向年轻人的品牌理念都是荣耀在海外刻意建立的形象。在印度，荣耀会赞助班加罗尔 RCB 板球队，在欧洲则会举办 Color Run、滑板运动等年轻人偏爱的运动。

荣耀将自己定位为年轻人的手机，颜色以蓝为主，更活泼鲜亮。

“初期领导很担心，我们就做工作，说这是很有名的地方，不会 low，你放心。”杨莉谈起 2016 年 8 月 28 日在欧洲发售荣耀 7 时候的场景，为了贴合年轻人，他们选择了以涂鸦、小轮车闻名的街道做发布会。“这应该是荣耀历史上最酷的一次发布会了。”参加了发布会的赵明事后说。

对荣耀而言，在海外最难的是让消费者记住这个品牌。在印度、欧洲或南美等地，所有的事情都是围绕这一点来做。比如树立科技感，只通过电商售卖、维护博主等网上意见领袖在社交网络上宣传，以这样长期的海外策略，荣耀已经卖到了70多个国家。

荣耀2013年12月成立，前期以中国市场为基地，2014年下半年开始走向海外，2015年全面展开。截至2016年，荣耀进入了74个国家和地区，成功进阶全球互联网手机顶尖品牌。海外作为战略重点，未来荣耀将采取战略聚焦，战略性放弃一些市场，深度耕耘欧美、俄罗斯、印度、中东、马来西亚、日本等核心市场。

● 2014年上半年，荣耀品牌及荣耀畅玩3C、3X进入马来西亚、中国香港和台湾地区等市场。

● 2014年下半年，荣耀品牌在德国柏林发布，荣耀6于10月29日，在德国、法国、西班牙、意大利、英国、荷兰、波兰、捷克、斯洛伐克、匈牙利、挪威、丹麦、瑞典、芬兰欧洲14国同步发售。

● 2015年上半年荣耀6 Plus等多款产品在印度、马来西亚、德国、迪拜发布上市。

● 2015年下半年，荣耀7、荣耀手环、荣耀畅玩5X等在英国、俄罗斯、迪拜等国发布上市。

● 2015年末到2016年初，《法国回声报》、《挑战杂志》、《费加罗报》、《法国快报》、《拓展杂志》、《世界报》、《绅士周刊》、赫芬顿邮报等对公共意见具有影响力的媒体将荣耀定义为法国第一互联网智能手机品牌。

● 2016年1月5日，荣耀畅玩5X在美国发布并登陆美国亚马逊、新蛋网，标志荣耀正式进军美国市场，同时，荣耀畅玩5X斩获2016CES七家媒体大奖。

● 2016年1月23日，荣耀畅玩5X登陆俄罗斯，斩获俄罗斯mail.ru&3Dnews最佳销售奖。

● 2016年1月，荣耀畅玩5X于马来西亚、印度发布上市。

● 2016年2月4日，荣耀畅玩5X于德国慕尼黑举办发布会，登陆欧洲9个国家。

● 2016年3月30日，印度首位赢得奥运奖牌的羽毛球女选手Saina Nehwal成为荣耀在印度的推广大使，同时荣耀在印度的电商平台正式启动（www.hihonor.com/in）。

● 2016年4月7日，荣耀在俄罗斯Artplay举办了电商一周年庆典暨荣耀畅玩4C Pro发布会。

● 2016年6月22日，荣耀畅玩5C正式在印度发布。

● 2016年7月12日，荣耀畅玩5X被德国最大的媒体《德国图片报》评为222欧元以内最好的智能机。

● 2016年8月16日，荣耀8正式在美国发布，荣耀8发布后，福布斯和CNN均将其与三星和iPhone进行对比，并对其进行积极评价。

● 2016年10月，荣耀8在400—500欧元价位段，市场份额超过三星和iPhone，成为此价位段第一（数据来源：GFK报告）；同时，在10月份的HITLIST机型中，荣耀排名第三，在安卓手机中排名第一。

● 2017年1月，荣耀畅玩6X国际版在2017年CES展正式发布，荣耀Magic同时亮相。

案例启示

手机行业的一个重要特征是技术创新本身就是品牌的重要属性之一。该属性与其他品牌属性不同的地方在于，其他属性可以具有相对稳定的特征状态，而创新变化的属性则需要公司不断提供新产品才能有效维持其形象特征。华为荣耀正是在两个方面做到了创新变化的形象维持。

第一，发现年轻消费者的需求变化。智能手机的重要顾客群是年轻人，了解和把握年轻人的心理特征及其偏好对于有效市场定位有着至关重要的作用。华为荣耀在这方面做得十分深入。荣耀的目标群体是一群主动探索并愿意尝试新鲜事物的年轻消费者，身为千禧一代，他们追逐潮流，渴望先人一步了解到最新的科技与资讯。荣耀将最新技术应用在产品上，也是为了满足这群人的需求。因此，荣耀的产品始终能够拥有巨量消费群体和粉丝。

第二，背靠大树好乘凉。荣耀的第二个创新形象战略就是依靠华为的强大实力，不断推出新产品，满足年轻消费者的需求。虽然荣耀品牌从华为品牌中独立出来，但是荣耀在技术和能力营销方面还需要让消费者联想到华为的实力。这种能力营销的好处就是消费者如果把荣耀的技术和华为联想在一起，就必然认为荣耀的技术是一流的，是能够满足他们的需要的。

1919
酒类新零售的先行者

2017 年 3 月 20 日至 23 日，第 96 届春季全国糖酒商品交易会在成都世纪城新国际会展中心顺利举行。成立于 1955 年的糖酒会有中国酒类行业“风向标”、食品行业“晴雨表”之称，是中国历史最为悠久的大型专业展会之一。本次展会上，洋河股份、古井贡酒等巨头纷纷与 1919 签订合作协议。2005 年成立的 1919 酒类直供，从成都华丰商贸城的一个铺面起步，到今天在全国 31 个省拥有近 1000 家门店，公司员工也已经突破 6000 人。线上，1919 除拥有快喝 APP、隔壁仓库、嘴上功夫、品牌商城等自建平台外，还进驻国内所有知名的第三方电商平台，如天猫、京东、苏宁易购等；线下，1919 已覆盖所有省级行政区，在 500 个城市拥有近千家线下门店，并利用门店为用户提供最快 19 分钟的配送服务，门店既是卖场、仓库，也是物流配送点。如果要将 1919 的模式做一个归类，那就是“天猫＋京东＋海澜之家＋顺丰＋怡亚通”。那么，酒类产品的新零售模式将会是什么样呢？1919 会给您提供一个完满的答案。

第一节 初涉酒场

一、艰难的起步

杨陵江是1919创始人，他见证了1919的成长。杨陵江1973年出生于四川的一个边远山村。高中毕业读了中专，学习酒店管理专业，分配到锦江宾馆工作，杨陵江分管很多酒水商。那时的酒水行业还相对落后，信息高度不对称。同样一瓶酒，热点地区可能要卖100元，但别的地方可能只要60元。杨陵江认识到，只要能捕捉信息差，肯定就有发财的机会。

多方考虑后，杨陵江决定辞职做酒水经销。他先用房子抵押借了10万元，之后有两个公司参股，总共筹集了50万元。拿到50万元，杨陵江第一个事情就是花20多万元装修办公室，注册公司，买了很好的桌子，制作了标准的名片、信签纸、传真纸等。同时，招了4个顶级业务员，每人每月固定工资6000元，另配电动自行车。公司还没有产品，就已经花了30多万元。

办完这一切，准备去找酒企拿货的时候，发现钱不够了。大股东很震惊，质问他为什么花20万元建办公室。一怒之下，股东们全部撤资了。杨陵江不得不到处借钱还债。

现在看来，创业之初的目标不是品牌，而是生存。

到了1998年，在第一笔钱亏完之后，杨陵江又到处去说服别人，很快借了30万元。此时的杨陵江变得实际了，跑到成都华丰大型食品批发市场，租了个两层铺面，大概40平方米，下面作销售，上面作办公室。门口把公司名字也挂了出来——成都太平黄金营销有限公司，也就是如今1919公司的前身。

之前的几位高薪员工都离开了，杨陵江从农村找了一个亲戚来帮忙守铺面，加上留下来的同学和一个司机，公司总共四个人。30万元资本怎么办呢？他们赌了一回，以每瓶23元进了一款郎酒的产品。把酒搬到市场时，才发现每瓶酒只卖20.8元。这次又亏了！

心灰意冷之时，杨陵江发现了一些处理的郎酒。这批郎酒是别人开发的，实际是尾货，杨陵江拿过来独家销售。他利用自己在餐厅的关系，建立起了第一张销售网络。

其实，真正做生意的人，很多都不愿意做酒水。第一，餐饮经常逃单，不给你货款；第二，不愿意给开瓶费。后来杨陵江他们把服务员叫到厕所，悄悄给服务员开瓶费。卖完这批酒没多久，这个产品就停产了，厂商说要根据情况适当调整所有的货源，最后没有产品卖了。

又没钱了，又借了10多万元，重新找了一个品牌——国窖1573。一年时间，用该产品专攻成都市的高档餐厅酒楼。这款产品也许是幸运星，居然让杨陵江赚了30多万元，把第一批欠的钱还完了。

二、品牌塑造

经销国窖1573的过程中，逐渐有了钱的杨陵江开始小有名气。有投资商愿意投资100万元扩大经营。拥有了100多万元资金，杨陵江开始想做品牌。以前总是被厂家欺负，拿不到好的品牌代理权，生意不怎么好。现在有钱了，需要解决品牌的问题。品牌设计出来后，很快就签了很多航线，打一个星期广告，就花了60多万元。

因为黄酒门槛低，白酒和葡萄酒厂家眼界太高，瞧不起小经销商。杨陵江跑到浙江绍兴定了批黄酒，自己设计贴牌。然而这一次又陷入困境。当打完60万元广告之后，一单没招出去，100多万元瞬间就没了。以每瓶12元进了10多万元的货，标价60多元，理论上资产还是比较多的，但是没卖出去。之后，借了100多万元，又拉了200多万元的货，负债200多万元，准备最后一搏。此时，白德贵给他投入了150万元资金，成立了成都天存酒业公司。负债数百万元，为什么仍然坚持卖酒呢？杨陵江觉得家电行业有国美、苏宁，为什么酒水行业没有？酒水行业一座金矿，一定大有可为。

当他决定要做酒业的国美时，公司只有十几个人，每年借钱发工资。又把亲戚全“骗”了进来，向亲戚们借了100多万元，负债达到400万元。那时候已经是最后一搏了。

杨陵江为公司新取了一个好听的名字——1919，“要酒要酒”的谐音，人们很容易记住。至此，一个注定要颠覆行业生态的公司诞生了。在后来的十多年间，1919不断扩张，成为我国酒业经销的龙头老大。

2006年，杨陵江开了第一家酒类零售店，店里摆着琳琅满目的酒，而且全是开架的(开放式货架)，每天过路的人都不停地往里面看，因为那时候卖酒基本都到大商场买，没有酒品专卖店，进去的人都是只看不买的，他们认为无论从装修还是服务来看，这里的酒都可能比较贵。

虽然心有理想，但是现实骨感，杨陵江心理已经有些害怕，亏了400多万元，每天晚上睡不着觉，感觉是随时要跑的状态。

杨陵江连续找了几家公司，这几家公司都不愿意给他供货。功夫不负有心人，由于一直坚持低价，慢慢有消费者过来买酒，不到半年，就把房租挣出来了，那一年赚了20万元，杨陵江说那是那么多年第一次尝到赚钱的感觉。

图1 1919首家实体门店

杨陵江不想即刻还账，说服两个投资人借给他60多万元，又开了两家店，希望迅速形成规模。第三家店因为选址问题，每天只卖200多元。

2007年，在成都市同时开的两家门店，年总销售不到300万元。

2008年，门店开到了十多家，逐渐开始赚钱，10年创业积攒了很多经验和资源。此时，1919可以称得上一家公司了，有了一定的装备。

1919大事记

● 2006年，创立1919酒类连锁品牌，开办第一家酒类直供门店，门店当年销售仅120万元。

● 2007年，在成都市内同时开办2家门店，年总销售不到300万元。引入电话销售模式，通过电话下单、附近门店送货，奠定了1919的O2O模式基础。

● 2010年，1919获得王仲辉投资的200万元，并借款2000万元，开始省内扩张。

● 2011年，开拓电商业务，实现线上线下一体化运营，正式向O2O转型。同时获得成都民生银行贷款。这是1919获得的首笔银行贷款。

● 2013年，股份制改造，创立四川壹玖壹玖酒类供应链管理股份有限公司，老员工获得股份分配。

● 2014年，登陆资本市场，成为首家新三板酒类流通企业。冲出四川，进军河南，开启1919全国化布局，当年营收6.1亿元。

● 2015年，引进阿里旗下的互联网基金公司——天弘创新资产管理有限公司，成为公司的战略投资者。在40多家意向券商中选定中信证券、招商证券、长城证券、广发证券、信达证券、华泰证券、中泰证券7家为公司做市券商。完成全国31个省市自治区的门店全覆盖，1919全国扩张的战略布局初步完成，年营收11.97亿元。

● 2016年，第二年成为天猫双十一酒类行业销售冠军。作为新三板创新企业，市值稳居8000多家新三板挂牌公司前列。合资创建“1919国际贸易公司”，联合“世纪鸿氏公司”启动巨额资金，用于海外采购业务及品牌战略发展。1919全年实现营业收入28.87亿元，同比增长141.27%。

第二节 新零售之路

一、传统门店销售

1919早期的销售模式是一种典型的门店销售模式，特点是层层分销。第一层是底单处理，关于货款从哪里收回来、物流从哪里进货、又要送到哪里去的问题，还要做服务流，通过层层传级，让信息、商品、服务流通过到消费者。

门店销售模式中，售货员和顾客之间的互动空间主要在店面，偶尔会有一些电话联系，覆盖范围也就是方圆一两公里。

2003年，杨陵江开始反思这种商业模式，不想做中间商，就尝试往上游延伸做品牌商，但宣告失败。一直到2005年，受家电流通渠道——国美电器商业模式的影响，杨陵江决定开门店，成立了1919。首先在四川省会成都进行扩张，增开了几家门店，扩大覆盖范围。然而，依赖自有资金进行扩张速度太慢，需要跨过漫长的资本原始积累时期。因而如果在资金有限的条件下想要获得快速发展，需走加盟店的道路。但由于公司规模较小，品牌效应不显著，难以吸引合适的加盟商。此时，杨陵江只有通过电话销售的方式来扩大覆盖范围，最初采用的就是固定电话66661919。

同时，利用信息化系统进行会员管理。通过电话销售，可以把销售范围覆盖到方圆7公里左右，甚至成都郊区。经过努力，很多门店销售额有1000多万元，毛利率20%，一年的毛利润200万元，而成本只有60—70万元，最高的门店一年可以赚100多万元。

2011 年，3G 网络支撑起移动互联网，淘宝解决了支付问题，网购终于成熟，1919 开始把来自电话的订单扩展到互联网渠道。外人看来，这家传统酒水经销商是在转型做电商，实质上杨陵江没有放弃线下开店。杨陵江觉得，互联网作为一种工具，在不同行业有不同的运用方式，线上只是增加了订单的入口。他很反感别人让他抛弃线下、站队电商。“那为什么我一定要叫电商呢？”杨陵江给 1919 的定位是全渠道，“宁可不做电商，我也不会放弃线下门店。”

2014 年 8 月，1919 开创了与第三方合作开店的战略模式：直管店模式，即所有权与经营权分离，门店合作者只是财务投资 1919，不参与日常经营管理。到 2015 年 10 月，1919 的门店已经覆盖了全国 31 个省市自治区共 273 个城市，完成了全国战略的第一步。

二、基于“+ 互联网”的 O2O 模式

互联网的兴起与应用，催生了互联网思维及新经济形态的蓬勃发展。其中最典型的就是“互联网 +”和“+ 互联网”两种经济发展形态。“互联网 +”就是“互联网 + 各个传统行业”，意即利用信息通信技术以及互联网平台，让互联网与传统行业进行深度融合，创造新的发展生态。“互联网 +”代表一种新的社会形态，即充分发挥互联网在社会资源配置中的优化和集成作用，将互联网的创新成果深度融合于经济、社会各领域中，提升全社会的创新力和生产力，形成更广泛的以互联网为基础设施和实现工具的经济发展新形态。它更多地强调“逆袭创新”，诸如电子商务（互联网向商业的逆袭）、互联网金融（互联网向金融业的逆袭）、互联网传媒（互联网向传媒业的逆袭）等。

“+ 互联网”更多地强调“顺势创新”，例如工业互联网、金融互联网等，主要是传统行业以既有业务为基础，利用互联网技术和理念，提高为用户服务的效率和质量。由于 1919 是基于传统企业条件下应用互联网来提升其

服务顾客的水平和能力，因而是一种基于“+ 互联网”模式下的创新。利用互联网来改造传统实体企业的商业模式是 1919 面临的最大挑战。

1919 面临的第一大挑战就是经营的规范化问题。2009 年，公司总是遭到一些厂家举报，使杨陵江意识到公司规范化经营的迫切性。2011 年，规范化整顿总共亏损 1000 多万元，因为规范后产生的税票，损失了大概 40% 的净利润，导致成本大幅度上升。

第二个需要面对的是渠道整合以及渠道权力问题。2012 年后，他们才真正认识到零售不能靠代理，开始和厂家博弈。两家大品牌酒厂被发改委处罚，责任算到了 1919 头上。因为商业模式和营销手段，很多酒厂都跟 1919 博弈。这样的博弈除了带来痛苦，也让 1919 在逆境中奋力成长。

第三个挑战就是如何运用互联网工具。如同创业时期首先考虑如何生存，传统产业在应用互联网的时候，需要获得低成本和高效率，否则“+ 互联网”就变成烧钱游戏了。因而，对于 1919 而言，最重要的是如何整合线上线下的渠道关系，充分利用线上线下各自的优势。这一点 1919 做得非常成功。一方面，互联网的主要优势是市场范围的延伸。有了互联网平台，1919 可以把业务伸向世界各个角落。因为通过互联网，公司可以把信息传递到世界各个角落，同时得到世界各个地方的顾客反馈。同时，互联网的速度决定了公司对顾客需求的反应速度。只有快速得到顾客的反馈，才能快速掌握顾客的需求，因而 1919 需要建构合适的互联网平台来快速、跨时空地传递。

另一方面，1919 需要利用线下渠道来快速满足顾客需求。这是其产品的需求特点决定的。一般来讲，消费者购买商品存在两种行为模式，一是存货模式，二是即时消费模式。对于存货模式而言，消费者可以延时消费，因而不是特别在意送货的及时性，而是关注价格等属性。当当网的许多商品，像图书、小家电等，不需要商品快速送达，因而在顾客反应方面可以放宽。对于即时消费模式而言，消费者需要产品快速到达。例如朋友聚会，即时下单，产品即时送达。因而速度就是生命，速度就是胜利。所以满足即时消费需求是1919 O2O模式成功的关键所在。这需要线上线下无缝衔接，建立快速反应系统。1919在线上除拥有快喝APP、隔壁仓库、嘴上功夫微商城、官方商城、购酒热线，还在国内所有知名电商平台开设旗舰店；线下已覆盖全国所有省级行政区，在几百个城市拥有近千家线下门店；同时1919的O2O平台是仅次于天猫、京东后的第三大酒类开放平台。

1919能够实现重点区域的19分钟到达模式，得益于信息系统和门店系统的对接及布局。一是信息传递系统，1919的信息系统不只是可以快速收到消费者的订单信息，关键是可以快速通过定位，确定离消费者最近的门店，从而向门店发出送货指令，向消费者配送货品。二是1919的线下门店网络，广泛的物流配送网络，是1919的优势所在。1919的配送中心就是一个一个的门店所形成的网络。这不同于其他电商的配送中心。其他电商的配送中心主要功能是商品储存和物流配送，而1919的配送中心主要功能是零售，同时兼有货物配送和储存功能。同时，对于1919的门店来讲，物流配送可以额外增加收入，降低成本，增加利润。所以，1919打通了线上线下的两个渠道，真正做到了合二为一，配送中心为未来扩张奠定了基础。

如果是垂直电商的话，实际需要增加15%的成本。但1919线下店的增量成本只有千分之五，远低于垂直电商15%的成本。也就是说，1919的线上订单的毛利率只有5%，而其对手毛利率虽然有10%，但无法抵消15%的增量成本，从而难与1919竞争。

三、模块化语言

在全球营销的语境中，经常会有一个标准化和适应性的争论，即想要降低成本，就需要实施标准化的营销模式。但标准化营销模式难以满足各个地区千差万别的消费需求。这看起来是一个两难困境。解决这一两难境地的就是模块化生产。1919 在实施 O2O 的过程中，也遇到过这一现象。杨陵江通过设计模块化的语言解决了内部信息沟通问题。

马云的新零售概念中，“线上线下融合”被外界评估为最大的一块蛋糕，也被认为是最难的。难，是因为二者之间，没有可以沟通的语言。线下是商品语言，线上是技术语言，语言影响思维，语言不通，思维也无法交流、互通。

线上与线下之间，充满了傲慢与偏见。线上认为线下古板、陈腐、不懂技术、不懂用户，线下觉得线上只会卖低价商品，压榨线下生存空间，缺少商业阅历，不懂残酷的市场。两边说不到一起，一直各做各。

1919 线上运营总部总经理黄林的工作，是要为 1919 搭建一套可以将线上业务和线下业务联系起来的系统。他发现，任何一种语言都没有用了。因为他要处理的是另一个体系里的两种语言——线上信息语言和线下商品语言。到现在，两种语言之间，都还没有人可以翻译，这是属于未知地带的语言。

2016 年 10 月，阿里云和 1919 开始了合作。正在思考新零售的阿里巴巴，需要通过 1919 熟悉线下的语言。一开始，黄林就告诉阿里云的人，1919 的数据很难做。对方不相信，理由非常简单有力：“天猫一年几千亿的数据都没问题，你们的数据会有多难？”一段时间后，对方终于对黄林说“你们的确是有你们的难处”。

互联网世界 0 和 1 两个字符可以解决的问题，在真实世界就是千言万语。对于线上来说，从订单到出货的单线数据运作，落实到线下就会是千店千面的即时协同难题。单线运作可以遵循唯一协议，但多线即时协同只有变动这一种唯一性。

一个最简单例子，线下用的财务语言，每天晚上进行盘点；线上看的是订单、流量，可以每秒记一次。首先，数据的传送，要如何翻译、匹配，有的时候只能凭直觉，语言已经派不上用场了。

2016年底，酒水销售紧俏，茅台的价格一天变两次。根据现有的系统，每天晚上，等到线下1000多家门店关门了，服务器会维护一次价格数据，所有SKU跑一遍，保证线上线下同价。同价，是几乎所有同时在两端销售的企业，都会头痛的左右手互搏问题。上万个SKU，跑一遍数据需要6—8小时，正好第二天开店。但是这个办法照顾不到一天调价几次的商品，尽管这部分商品可能只占1%。

黄林就跟技术人员说，不要想太复杂，写代码、加服务器都没用，就派10个人，手工改。与其上一套没有经过验证的代码，最原始的方法反而最保险。这是违背技术人员常识的，在他们看来，代码才是不会犯错的语言。直觉告诉黄林，做好犯错的准备，这才是最快解决问题的办法。

新零售的机会到了，高速成长的1919已经不缺速度和规模，缺的是一种新的语言。这种语言可以连接公司的每一个人、每一个神经元，又决定了身处其中的人的思维，影响着他们的动作，让公司的步伐变得统一、协调，让1919可以真正地直立奔跑。

依照CEO是企业主脑的理念，杨陵江设计了一个和自己对话的体系：设置8个助理总裁，把自己“分成了8个”，加上自己，一共9个“杨陵江”。每天早上，9个“杨陵江”要在一起开会，接着负责供应链的“杨陵江”会去跟进供应链，负责人力资源的“杨陵江”会联系8个大区公司安排招聘，负责运营的“杨陵江”要去调整商品规划……

四、1919的生态圈

2016年3月21日，1919召开新闻发布会，正式与百度糯米达成战略合作，双方将在商务联合、用户端生态营销、场景生态构建等领域全面开展合作，为用户提供整套“美食+美酒”的场景化O2O解决方案。

黄林称，通过与百度糯米的合作，1919将迅速获得来自百度的巨大流量；同时1919旗下“隔壁仓库”“嘴上功夫”平台可将流量转化为高质量服务，为百度糯米平台上250万家商户以及数以亿计的用户直接提供酒水配送服务，实现流量增值和生态升级。

同时，1919宣布实现1000亿元目标的战略途径：把1919公司做小，把1919生态做大，用生态圈的力量完成1000亿元的目标。至此，1919规划的未来商业模式将由单个企业的“新零售”形态向多企业联盟平台的生态圈进发。那么，生态圈到底是什么？杨陵江在发布会上介绍：“生态圈并非只是一个概念，而是1919发展到如今，只有生态圈才能描述它的形态，也只有以生态圈的方式来思考，才能解决1919与上游企业、1919与传统经销商等之间的矛盾，才能实现未来1000亿元目标。”

1919平台与其他的电商平台不同，其他电商进行采购自营，赚取产品差价，以及平台的广告费用或者代运营费。1919做的是一个开放式平台，构建了一个厂家直面消费者的平台。就如淘宝一样，厂家以及有资质的经销商在这个平台上卖的产品，自主经营，自主定价，平台还会为厂家等提供第一手的市场数据，指导他们的市场投入。

1919的开放平台化模式给想开店、怕风险的酒类商家提供了零投入无风险的机会。1919既提供线上免费开店，也帮助线下商家管理门店，而且不收取运营、广告、管理等费用使酒类商家实现快速盈利，这一模式也是1919有别于其他电商平台的主要优势。

根据1919的规划，未来的1919将不再是一家卖酒的企业，而是一个帮别人卖酒的平台。如同阿里巴巴不做电子商务，而是帮助别人做电子商务。1919的生态圈，是为酒水厂商、经销商等合作者在融资、寻找用户、供应链管理、仓储物流、大数据等环节提供更高效的服务。只有大家好，1919才能好。

目前，通过资源整合，1919生态圈线上新增六大入口：快喝APP、隔壁仓库、嘴上功夫、逸香国际、e加酒定制、品牌商城。

事实上，进入2016年，生态圈的建设已成为各大酒类平台的战略布局。3月22日，酒仙网在2016成都糖酒会论坛上宣布2016年将发力布局线下。一方面通过自建、加盟等方式构建“智能连锁酒行”，入驻酒快到平台；另一方面通过控股、参股、联盟等方式与大型连锁酒行达成深度战略合作。用酒仙网董事长郝鸿峰的话来说：未来酒仙网将充分发挥资源整合优势，打造行业内规模最大、形式最丰富、效率最高的互联网生态圈。

3月22日，乐视生态旗下网酒网在成都举办2016年战略发布会，向外界公布“酒生活生态世界”战略，以及“内容+产品+服务+平台”四层生态架构的重大业务布局。乐视网酒网的战略规划是“体育生态IP+产品”。

华泽集团董事长吴向东也提出了“酒业生态圈”概念，华泽集团将运用互联网技术，对传统酒业进行深度整合，采取与上下游结盟的原则，不对抗上游企业，维护名酒价格体系；不抢夺下游渠道商利益，联合名酒以及畅销酒代理商，打通供应链。

在互联网、生态圈、网络爆款等热词频频亮相各家酒类电商战略规划的背后，以1919为代表的行业巨头已隐隐浮现。杨陵江表示要利用生态圈力量，力争在2019年实现1000亿元交易额。根据1919未来四年的销售发展规划，整个采购金额保守估计超过1400亿元。

目前，国内酒类电商企业众多，如1919、酒仙网、中酒网、品尚红酒、酒美网、也买酒、网酒网、链酒网、酒心网、购酒网等。业内人士认为，在腾讯、百度、阿里等商业巨头还未进入酒业之前，现有的酒类电商需要让自己处于行业领先位置，进入资本市场无疑是其确保自身行业地位的有力手段之一。白酒营销专家晋育峰亦认为，目前国内酒类电商平台已基本形成以酒仙网、1919为首的双寡头垄断格局。

第三节 1919隔壁仓库

一、隔壁仓库横空出世

2016年5月，1919依托已有的酒类供应链，创设了专门针对B端市场(商家)酒水供应的解决方案——隔壁仓库，力图砍掉中间的链条。隔壁仓库是1919生态圈公司，"连接1919酒水供应与餐厅酒楼KTV等终端供应业务，为商家提供最便捷、最经济、最透明的解决方案管理酒水、原料供应链"。

隔壁仓库在手机上有APP，餐饮、酒店、酒吧KTV经营者安装这一APP后可网上下单，由1919的全国省仓和门店物流体系做配送，省去了中间的加价环节，让酒水价格变得更低。

图2 1919隔壁仓库 logo

新成立的"隔壁仓库"成为中国首家开通在线申请、审核、放款等一站式服务的酒类供应链平台，供应链金融是其中显而易见的盈利点。更进一步，隔壁仓库希望打造一个商家采购酒水的闭环，进而催生出更多的可能性。

1919设立隔壁仓库，来自其发力B端市场的布局，针对的则是商家酒水供应市场的种种痛点。在传统的C端零售和线上线下领域，1919已经是行业中的老大了，但是在另外一端，就是餐厅B端这个很大的市场，隔壁仓库力图做最好的供应链服务。隔壁仓库能够做成功，关键在于它帮助解决了B端客户的几个痛点。

第一个痛点是降低价格。传统的B端客户的渠道链条比较长。从各类餐馆，到酒吧、KTV，酒水供应一直处于一个相对传统的状态。一瓶酒从出厂到卖给餐厅要经过很多传统环节——一批商卖给二批商再卖给三批商，而大部分给餐厅供酒的都是三批商。经过多个环节后，卖给餐厅的酒水价格就相对变高了，这也是消费者感觉在餐厅里点酒价格很贵的原因。正因为这条传统链条的信息是相对不对称的，产生了效率低、价格高等状况，所以这正是酒水供应 B 端市场的痛点所在。链条长了之后，给餐厅供货的时候，这瓶酒的价格比出厂的时候高了很多，而通过 1919 隔壁仓库价格就变得很低。这是基于两点：一是 1919 采购的时候，每瓶酒可以有很低的价格，因为 1919 是批量采购，可以把这个优势传递到 B 端；二是因为 1919 是一个互联网公司，需要网络流量，因此 1919 隔壁仓库承诺对整个餐厅环节拿过来的价格不加价，直接卖给餐厅，餐厅可以享受非常低的价格，最终餐厅也可以把酒水价格降下来。

第二个痛点是假货问题。在酒水市场有一个非常特殊的现象，就是充斥着很多假酒、水货，餐厅如果卖这些酒，声誉和经营都会受很大的影响。隔壁仓库就很好地解决了这个问题。隔壁仓库有一套全程二维码的溯源系统，每瓶酒瓶身都有一个唯一的二维码，扫一下就知道这个酒出厂至今的全过程。同时 1919 又是公众公司，“用信誉作保证，保证隔壁仓库卖出去的酒都是真酒”。

第三个痛点是商家积货问题。三批商给各个餐厅供货的时候，因为本身实力有限，会对餐厅的利润要求非常高，希望通过给餐厅一次性多送货来降低每瓶酒的成本；但餐厅老板是反过来的，他希望尽量少囤货，同时客人需要的时候又可以有。这对 1919 隔壁仓库来说不是问题。1919 在全国有 800—1000 家门店，同时 1919 的选址标准就是周围应该有 300 家左右的餐厅。换句话说，有门店的地方，附近就有餐厅，这些餐厅可以把 1919 的门店当作自己的仓库。“这就是为什么名字叫作隔壁仓库。把仓库建在你的隔壁，需要酒就可以下订单，可以很快配送。用一瓶起送就可以撬开很多餐厅的大门。”

二、隔壁仓库的供应链金融

1919 隔壁仓库做业务时发现，很多餐厅有一个需求，就是酒水赊销。这对于 1919 隔壁仓库来说比较简单，他们把它看作是他们的供应链金融。为此，他们上线了供应链金融项目，叫作“记我帐上”。隔壁仓库的供应链金融项目主要有两个业务。

隔壁仓库的第一业务叫作“酒先拿走”，只需商户提供企业法人身份证、工商营业执照等基本信息，在隔壁仓库 APP 在线申请即可。隔壁仓库平台收到申请后，根据中国人民银行的个人征信报告以及商户在该平台的交易量，对商户授予相应信用额度，用户不需要提供过多申请资料就可以享用这个服务了。先货后款，零抵押，零风险，信用额度根据还款情况实时恢复，让商户逐步摆脱酒水采购的资金压力。

这个原理类似支付宝的“蚂蚁花呗”，利用信用和基础资料做基于算法的在线授信。商家可以先把酒拿走，下个月再给钱。1919 隔壁仓库第一批上线的商户中，已有 500 家获取了近 1000 万元的信用额度，平均每个商户有 2 万元额度，已够多数商家一个月酒水费用。

平台从 2016 年 5 月开始正式上线，截至 2016 年 10 月平台交易 1 亿多元。“全国 2 万多家商户使用我们的服务，我们也跟百度糯米达成战略合作，他们的商家后台新开了一个按钮就是进酒水，所有订单都会推到我们这里，而且是独家合作。已经有 2.2 万家商户开通，今年要做到 10 万家商户，交易额突破 10 亿元。”隔壁仓库负责人说。

图 3　记我账上宣传广告

1919 隔壁仓库第二个服务叫作“券抵货款”，是指商户可用由 1919 控股子公司“嘴上功夫”发放的企业餐券或储值卡，到隔壁仓库 APP 进行酒水提货，这样无须现金，直接用券抵消货款，使商户进货再无资金负担，既可以节约成本，又可以给商家带来新客户。并且这两个服务可以叠加，而且全程在线，都是在线做金融的评估授信。所以，自从这个服务上线之后，1919 隔壁仓库真正打通了供应链和金融这个闭环。

图 4 “券抵货款”手机界面

值得一提的是，这个平台用起来并不复杂。由于征信环节是以大数据为基础，因此操作逻辑和流程相对简单，根据餐厅所有金融交易信用行为做出研判，无须自己线下准备资料“跑断腿”。APP 使用流程同样不复杂，截图示意如下。

图 5 APP 使用流程

三、隔壁仓库的合作战略

隔壁仓库APP短短5个月已经破亿元，全国用隔壁仓库的餐厅已经超过2万家，这证明隔壁仓库的经营模式是非常成功的。“其实我们非常清楚成功的一点是速度，速度虽然很快但还是不够，所以创业的时候，虽然觉得这个模式很好，你是成功的，但是你还要思考怎么样在未来能够做得更快，怎么样能够做得更大，所以在这个月又自己颠覆自己，我们推出隔壁仓库2.0的模式。”隔壁仓库负责人说。如果说1.0模式是覆盖餐厅和门店本身，仍然停留在自营的模式，那么隔壁仓库2.0模式则是做平台，像京东与阿里一样，成为集聚各个交易的一个平台。

隔壁仓库在全国1800个区域招1800多个城市合伙人，阿里平台上面运营的小店，在每一个区找合适的经销商来作为隔壁商铺开发的代表，把系统、平台、供应链全部分享给城市合伙人。城市合伙人解决了顾客需求多样化的问题。因为对隔壁仓库来说，省级市场、一千多个地级市市场、县市市场中，每一个地方什么样的人喜欢喝什么样的酒、什么样的香型、什么样的产品结构，太乱了。把这些东西让给城市合伙人，让他在平台上赚钱，由隔壁仓库获取流量数据和资金流。这是隔壁仓库的2.0版本。第一期的合伙人每一年直接送特斯拉，可能还有活动让他们参加。通过这样的计划，让平台做得越来越轻，让很多的本身经销商在隔壁仓库这个平台上做起来，带动一些业务，改变这个行业。

案例启示

互联网经济催生了网络企业的“互联网+”和传统企业的“+互联网”，

从而带来传统经销模式的巨大变革。纵观 1919 的成长历史，可以清晰地看到中国商业模式的演变历程。从某种意义上讲，1919 是中国商业模式的一个缩影。1919 的案例给了我们许多有益的启示，也引人深思中国未来商业模式的走向。

1. 基于无缝链接技术的线上线下融合。无论是“互联网 +”还是“+ 互联网”，企业都面临着线上和线下的融合问题。如何融合线上和线下也是困扰许多企业的问题。二者的融合需要企业打通线上和线下的信息传播，实现无障碍沟通。这一方面是通过网络技术实现线上线下的信号传递；另一方面由于线上和线下两种语言的差异，导致哪怕信号能够及时传递，难以为对方所理解。因而除了信息技术的传递之外，还必须实现传播语言的模块化，即既满足不同市场的特定语言习惯，又能实现相互之间一定的标准化、规范化，从而双方都能理解对方所说的话。

2. 合理的线下布局。对于网络营销而言，除了需要解决信息的网络传递之外，还有一个重要的方面就是线下的布局问题。布局关乎物流配送的问题，如果做得不好将极大影响公司的业务发展。尤其对于多数时候属于即时消费的酒品消费而言，消费者希望酒品可以在很短时间之内送达。这一点不同于书店，既需要节约时间，也需要节约成本。因此，一方面需要把网络铺开，实现足够大的覆盖范围；另一方面又需要节约成本，不能增加太多的物流费用。这就对选址及实体店布局提出了很高的要求。1919 把门店开在高档楼盘或者周边有足够多的餐厅酒店的地方，既能满足消费者的时间要求，也能满足餐厅的成本节约要求。

3. 网络关系的建设。网络生态发展到一定程度，就需要注意培育市场主体之间的相互合作关系，减少网络冲突。1919 很好地解决了与上游供应商、下游加盟店以及互联网平台、融资伙伴等之间的相互合作关系，从而共同推动网络生态的良好、有序发展。

招商银行

“玩坏大楼”传递温度

当前的银行业，产品同质化程度高，广告传播也往往流于“自嗨”。随着互联网金融企业的竞争加大，如何快速、有效地与消费者沟通，如何从众多金融品牌中脱颖出来，形成招商银行自己的特色，获得消费者的喜爱从而影响其选择偏好，同时对内提高员工的凝聚力，是招行一直在探索的方向，并作了诸多有效实践。

事实上，招商银行一直在思考如何设计属于招行的IP（Intellectual Property，知识财产，即拟人化的形象），以解决品牌营销中的诸多形象问题，形成招行的特色，实现差异化、拟人化、有温度的品牌营销。相比于单纯推出一款吉祥物，就招行某一标志性的实物进行拟人化设计，更具可行性，同时也有利于招行社会化媒体的运营。

经过长期探索后，招商银行将拟人形象锁定为总行大楼，“玩坏大楼”的创意就此诞生。整体来看，招行的“玩坏大楼”创意系列是其品牌营销上的又一个亮点，作品以招行大楼作为主角，结合业务、热点、节庆、招行自身特色等延展创意，向大众传达了“一家有温度的银行”的形象，并获得了广大客户和员工的喜爱和认可。

第一节 “玩坏大楼”系列上线

迄今为止，“玩坏大楼”已产出作品50余幅。但让人惊讶的是，招行其实一直都没有专门成立关于“玩坏大楼”的项目团队，实际参与项目的人不多且同时还要承担其他工作职责。更多时候，由项目经办人通过各种突发的奇思妙想，画出草图并把握总体风格，然后交由外部设计公司完成执行，同时也得到了管理者的充分授权和信任。这种较自由的创作空间及扁平的决策流程，正是这个项目成功的关键。

图1 招行大楼“玩坏大楼”

而品牌营销这条路上，热点营销最为考验人。一方面追踪热点，时效性要求特别高；另一方面又讲究创意出彩，否则没有传播力。这对项目执行人带来非常大的挑战。但在招行与设计公司的合作下，很快达成良好默契。

根据不同的内容，作品可分为几大类型：

1. 重大节日结合

作品利用中西方重点节日，利用拟人化的手法对大楼进行角色装扮，让冰冷的建筑“活”起来。

圣诞节

丙申年

母亲节

万圣节

图 2 圣诞节、春节、母亲节、万圣节时招行大楼的拟人化形象

2. 电影热点结合

利用全球热播电影上映时间结合电影元素，引起客户关注的同时让大楼转换不同的角色。

007

功夫熊猫

冰河世纪

神偷奶爸

图 3 招行大楼电影元素转换的拟人化形象

3. 热门事件结合

结合当前热门或突发事件进行创意设计，参与热点炒作引起客户共鸣。

奥斯卡颁奖

迪士尼开业

里约奥运会

“一带一路”论坛

图 4 “玩坏大楼”创意设计

4. 产品业务结合

结合某个有显著识别性的元素进行创意，巧妙地植入业务或产品信息，在用户视角与信息释放之间把握平衡点。

伦敦分行开业

深圳国际马拉松

最佳零售银行

大都会《秦汉文明》特展

图 5 “玩坏大楼”创意设计

与画面设计一样，“玩坏大楼”系列的文案创作也基本由招行自己把控创意和风格方向。对于文案的策略，根据书籍、诗词歌赋、网络流行语、经典影视文段和生活段子加以改编、润色和创作。同时一直坚持恰如其分的情怀且不过分突出产品，这也为“玩坏大楼”在朋友圈刷屏奠定了基础。

第二节 大楼周边衍生礼品

“玩坏大楼”系列在朋友圈的刷屏引起了行业内外的关注，吸引了一大批粉丝，这让招商银行颇为惊喜。他们开始思考怎样进一步丰富招行大楼，并借助这个形象来推广品牌。随即，由大楼创意而衍生的周边礼品的想法跳了出来。他们决定结合各种大楼形象进行自主开发，可用于客户营销和商务活动。同时通过网上投票选出最喜爱的产品，实现与粉丝的良性互动，对后续礼品种类的选择也更有针对性，真正意义上体现了招行是“一家有温度的银行”。

图 6 “玩坏大楼”圣诞节创意设计

截至目前，招行开发了 15 款周边礼品，包括大楼造型的蓝牙音箱、存钱罐、清酒壶、马克杯、手机壳、行李牌等，都是现在年轻人喜爱的实用型小件，不但品质高、颜值高，价格也均低于市场同类产品。

图7 “玩坏大楼”创意产品

礼品一经推出便广受欢迎，第一批来自全国各分行的订单金额超千万元，并陆续不断有增订需求。同时，为满足粉丝的自购需求，还首次尝试在淘宝由供应商面向社会开辟了购买渠道，短短2个月就销售超过9000件。

第三节 经典的“温度”营销

好的品牌营销，会让还未开发的客户主动认知到品牌的存在，而潜在或已经购买的客户，则提升其黏性，提高品牌忠诚度，最终影响目标受众的品牌偏好。

值得一提的是，2017年“三八”妇女节期间推出的大楼口红创意，引发的关注度达到了顶峰。在朋友圈发布不到1小时，招行一线客户经理就收到大量客户的询问，诸如“招行是否推出了口红产品、可以如何获得”等，经常跑金融圈的媒体记者表示也很感兴趣。如此意外的火爆效果让招行人自己都笑称“惊动了”新华社。

图 8 “玩坏大楼”妇女节创意产品

在品牌建设的维度上看，“玩坏大楼”系列提升了招行对市场机会的把握能力，主要体现在热点营销及对新媒体的熟练运用。在该项目中，招行主要通过自有渠道的社交媒体发布，赢得了招行员工、客户以及媒体等的大量转发。与当下金融业品牌营销动辄数十万乃至上百万元的推广费用投入相比，“玩坏大楼”项目在未投入任何推广费用的前提下取得如此效果，实属经典。

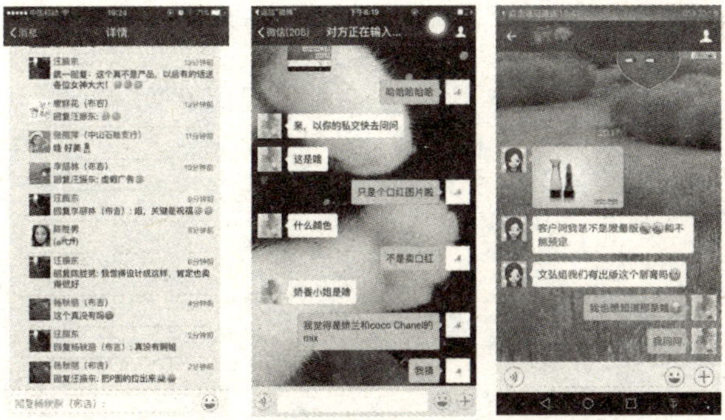

图 9 “玩坏大楼”创意产品社交媒体推广

事实上，“玩坏大楼”系列也是在招行既有品牌的基础上，做了一次创新有温度的营销尝试，提高了自身品牌的曝光率，也让目标受众对招行品牌的认知从注意、了解，到信任、主动熟悉，在态度和行动上认可招行。而系列作品的刷屏，以其活泼拟人化的姿态，更容易得到受众的好感与共鸣，引发了受众的自觉再传播。

需要指出的是，虽然“玩坏大楼”策划强调对热点的追踪，但在热点的选择上亦有自己的原则：一是敏感政治话题、娱乐八卦、负面热点不追；二是避免热点依附目标的版权侵犯；三是突发事件借势要找准切入点；四是优先选择银行产品契合度最佳的事件进行借势创作；五是任何设计均从用户视角出发，以用户喜欢的方式呈现，不过分突出业务和产品，不给人厌恶感。

总之，招行“玩坏大楼”策划，通过招行大楼本身来表达广告创意，突破银行刻板的广告形象，将建筑拟人化并结合新媒体的特性来传播，使得整个品牌形象更具可塑性、年轻化，解决了很多品牌营销中的形象问题。在相对稳重和保守的银行业，这是一种创新的视觉传达方式，同时形成了独特和成熟的品牌印记，加深了用户及同行业的印象。

2016 年 11 月，在由二十一世纪传媒、21 世纪经济报道主办的“2016 中国品牌价值管理论坛”暨“中国品牌‘金象奖’”颁奖典礼上，招商银行的“玩坏大楼”案例荣获“中国最佳品牌建设案例奖”。“玩坏大楼”受到了银行业内外人士的追捧，赢得社会广泛的关注度。

案例启示

“玩坏大楼”通过以大楼为依托，以拟人化的方式进行周边礼品开发，从而加强与消费者之间的沟通与互动，提升了公司的品牌形象。这种拟人化的宣传手法，是近年来营销届非常重视的一种品牌传播策略。但与众不同的是，招商银行的拟人化传播，不是静态地把产品做成一个拟人化的外貌，或者是广告宣传中采用拟人化的卡通形象等。招商银行的品牌传播，是一种组合形式的拟人化传播策略。

1. 组合形式的拟人化策略。招商银行的拟人化品牌传播，是通过以招行的大楼为依托，利用各种营销机会进行品牌传播。这些品牌传播包括重大节日、电影热点、产品业务以及热门事件等。这些热点事件是消费者集中重点参与的活动，选择这样的场合进行品牌传播，自然会收到事半功倍的效果。招商银行通过以大楼为主体，融入热门热点事件的相关元素，在重点时间段和重点区域投放其拟人化的品牌宣传材料，更能够吸引消费者的注意。这种综合性的、全方位的拟人化传播策略，是普通的品牌拟人化所难以比拟的。

2. 积极的消费者互动。招商银行不是让消费者处于一种被动的接收状态，而是通过一些促销活动，推动消费者加入到公司的活动当中来，从而提升消费者的体验。招商银行通过多种方式促进消费者的参与。一方面，开发周边礼品。例如招行开发了15款周边礼品，包括大楼造型的蓝牙音箱、存钱罐、清酒壶、马克杯、手机壳、行李牌等，都是现在年轻人喜爱的实用型小件，不但品质高、颜值高，价格也均低于市场同类产品。这些礼品吸引消费者的注意，促使他们积极主动地参与招商银行的品牌传播。另一方面，招商银行通过玩坏大楼微博进行顾客互动。招行的微博就叫作“玩坏大楼”，经常发布有关“玩坏大楼”的相关产品或礼品信息，并积极主动的解答消费者所提出的问题，从而增加了消费者对公司品牌的兴趣。“玩坏大楼”的新浪微博经常会发布一些礼品信息、热门电影信息、热点时事讨论、公司新闻等等，并把这些信息元素与“玩坏大楼”的形象结合起来，更能提升消费者的兴趣。

3. 传递温暖是拟人化传播的关键。拟人化品牌传播既有可能形成负面形象，也有可能形成正面形象。如何传播正面形象就成为拟人化传播的关键问题。招商银行不是为了拟人化而进行拟人化品牌传播，而是通过传播“温度”而进行拟人化的品牌传播。通过贴心的礼品、产品的开发，贴心的顾客咨询和服务，让消费者感受到了公司的温暖，从而让消费者体验到了一种亲近感和归属感，从而提升了消费者的忠诚。

广发银行

向“智抠族”致敬

2015年，广发银行品牌管理团队策划并实施了“向‘智抠族’致敬”宣传推广项目。作为“广发之星”内外部一体化宣传项目的主要组成部分，“向‘智抠族’致敬”项目首创了“智抠族”概念，通过微电影、病毒视频的形式，向银行的年轻目标客群传递“勤俭节约，花钱有道”的理念。项目整合了优质视频网站平台、主流门户网站、广发银行自媒体、营业网点等渠道进行推广，并综合运用了新闻宣传、百度百科等创新手段进行宣传，取得了较好的传播效果。

第一节 广发银行品牌策划的挑战与创新

一、广发银行品牌策划面临的挑战

第一，银行业务同质化现象严重。这种同质化的现象主要来源于产品的可模仿性。银行主要提供金融服务，银行业的竞争不同于科技公司之间的竞争，可以通过技术研发来构筑竞争壁垒，使得对手难以模仿。

第二，传统广告效果在减弱。传统媒体诸如报纸、广播和电视等广告的作用正日趋下降。这种现象的出现既是传统媒体自身的竞争，也是来自新媒体的冲击。从传统媒体自身的竞争来看，由于国家在文化传媒领域的放开，大量媒体公司加入竞争的行列。以电视媒体为例，中国当前有 120 个频道，上万个节目可供受众选择。这为受众在广告时段更换频道提供了方便，直接导致传统硬广效果的下降。同时，新媒体的加入改变了受众的信息获取手段及行为习惯，极大地冲击了传统媒体的广告效果。例如，年轻观众正在大量逃离电视，据央视调查机构公布的数据显示，过去三年时间里，黄金时段的开机率下降了 4 成。在广电总局发布的《中国视听新媒体发展报告》中提供的数据显示，电视观众的年龄结构出现老龄化。信息的传播途径越来越多元化、碎片化，电视的集中传播功能正在受到削弱。广告商获取一档热门节目广告位所支付的成本越来越高，动辄三五亿元，但在节目中插播的广告却越来越难以被观众记住。

第三，优质 IP 资源价格高企，成为一种稀缺资源。众多平台之间的竞争催生了内容为王的时代。优质 IP 成为传统媒体和新媒体共同追求的香饽饽。然而，优质 IP 合作过高的价格会成为较高的门槛，令预算不充足的企业望而却步。开发自由 IP 就成为企业较为现实的选项。

第四，信息沟通的碎片化现象比较突出。移动互联网时代的到来，使得信息的"碎片化"问题日趋严重，从而导致我们思维碎片化。人们生活在一个"离散"的环境中，我们把任何信息都当作"新闻"消费了，其中一些有价值的信息也被碎片信息淹没。从以前的"刷"微博，到现在的"刷"微信朋友圈，每天获得了包括社会新闻、心灵鸡汤、养生保健在内的大量信息。受众看似获得了比以前更多的信息，但往往并没有记下什么。碎片化的信息导致人们难以对某个传播内容有特别深的印象。这就需要企业另辟蹊径，开发一些具有独特信息内容的IP资源。

二、广发银行的创新战略

应对环境挑战的最优决策就是创新。在新经济时代的巨大挑战面前，广发银行选择了创新战略来应对新时代的挑战。作为中国金融改革的先行者和全国首批股份制商业银行，广发银行一直以"敢为天下先"的开拓者精神，先行先试，不懈创新，为中国金融改革和国家经济发展做出重要贡献，稳步迈向"一流商业银行"。某种意义上说，广发银行从成立之初就是以"敢为天下先"作为其创新的基因。历经近三十年的发展，广发银行犹如一艘奋勇争先的龙舟，齐心协力，勇往直前。广发员工犹如一代代龙舟舵手，将"敢为天下先"的创新精神薪火相传，带领"广发号"龙舟勇立潮头，在业务快速发展的过程中，创下多项同业第一，在中国银行业的发展史上谱写了华章：在国内银行业首家推出标准信用卡，首家办理按揭贷款，首推全国通存通兑、可置换动产质押、企业财务顾问、出口退税贷款等业务，并且也是首批开办离岸业务的股份制商业银行。

面对国内银行业已然白热化的竞争以及利率市场化、金融脱媒等重重挑战，广发银行的核心竞争力和差异性在哪里？突围的切入点在哪里？还是在创新！各家银行的业务范围和品种几乎相同，同质化竞争严重，并且银行业的具体新产品、新业务可以很快被模仿，但真正难以复制的是一家银行的创新力！客户的需要和市场的需求，永远是广发银行创新的源头活水。广发银行的创新战略，主要遵循“高效、集成、务实”的思想。这一点既体现在广发银行的产品和服务的创新，也体现在营销传播的创新。

高效——小微金融的“及时雨”。在广发银行的创新历程上，使得业务办理更高效是创新重要的目标之一，这点尤其体现在小微金融服务上。中国的小微企业数量庞大，对国民经济发展和就业环境发挥着重要作用。广发人将扶持小微企业的发展视为己任，致力于在小微企业的融资服务上提供更多资源，为小微企业提供快捷、高效的综合金融服务。针对小企业“短、小、频、急”的融资需求及独特的风险特征，广发银行创新设立小企业业务专营架构，创新优化小企业融资信贷政策和审批流程，创新开发小企业专属融资产品，做好银行业小微金融服务。

集成——服务百姓的“便利店”。近年来，互联网、云计算、智能科技发展迅猛，广发银行敏感地捕捉到网络时代的特点，高频度创新推出网上银行、手机银行、微信银行等一系列电子银行产品，打破了银行服务的条线分割和时空界限。

2012年，广发银行推出国内银行业首家24小时智能银行，不管是白天或晚上、上班或下班，客户都能与银行客服人员进行远程视频实时咨询和业务办理。广发银行手机银行、网上银行近年来经过多次升级，已构建成为覆盖信用卡、个人理财等众多条线的“集成型”移动金融产品。广发银行意识到，智能终端、互联网的迅猛发展极大拓宽了金融服务形式，银行服务正在逐步突破银行自有的各种设备限制，将触角延伸至客户身边的每一台联网设备中。银行必须加强传统渠道和电子渠道之间集成联动、高度协作，为客户提供智能一体化服务。未来，一个客户无论是来到广发银行网点、还是涉足广发银行网上营业厅、电话银行或下载广发手机银行应用，登陆广发微信银行，都能一站式地获得银行各类金融服务，这背后就是包括产品体系、业务体系、运营体系、科技体系等在内智慧集成的力量！

务实——民生金融的“裁缝师”。二十五年的发展路上，广发银行始终关注民生金融，为“民富国强”的中国梦提供“量身订造”的金融支持。从1995年广发推出第一张符合国际标准的信用卡以来，广发银行不断丰富信用卡产品体系、推陈出新，针对不同客户群体和客户的不同偏好，陆续推出商旅卡、车主卡、百货消费卡、慈善卡等不同主题的信用卡，让客户在享受金融服务的同时，扩大了金融服务的内涵。

对于广发人来说，通过创新这台发动机，将“势能”转化为“动能”，是以前瞻的眼光洞察未来业务蓝海，凸显后发优势，并迅速调整经营策略，抢占网络时代的智慧金融、电子银行等前沿业务；是以“有所为有所不为”的智慧和胆量，集合资源发展中小微金融、信用卡、财富管理等特色化服务，并配套以一系列创新化产品，形成新的金融生态，开启无尽商机。

对于广发人来说，创新也是企业文化的升华和再造。如今，在广发银行，由高管层的亲自带动，全行自上而下搭建了一系列顺畅、高效的创新平台，形成了一套有效的创意开发、管理机制。创新实验室、创意管理平台、主题创意征集活动、创新奖励表彰大会等各类手段，支撑从一线员工到总行决策层的创新发起，促成从好点子到生产力的创新转化，弘扬从“要我创新”到“我要创新”的主动求新求变文化！

广发人还清醒地认识到，“创新”也包括对组织和后台流程等业务支撑体系的改革，只有积极推动中后台服务系统的创新转型，才能全面提升对核心业务的支撑能力。广发银行通过引进业界领先的系统建设技术，加大科技资源投入等措施，支持科技在服务渠道、流程银行、基础平台、管理分析和风险控制等方面开展的建设和创新，有效地优化了业务流程，提升了经营效率，为客户创造了更优的体验和更大的价值。

传播公司新的标识和新的理念，也需要立足于“高效、集成、务实”的思想。基于此，广发银行在分析新时期的消费者需求变化的基础上，发掘出了一个新的正在成长的细分市场——“智抠族”。针对这个市场，广发银行采取了一系列的品牌传播策略，最终在市场上取得了较好的传播效果。

第二节 “智抠族”：广发银行的目标市场

一、广发银行的定位变革

广发银行成立于1988年，当时作为中国金融体制改革的试点银行，是国内最早组建的股份制商业银行之一。1993年，广发设立澳门分行，成为国内股份制银行第一家大陆外分行。1995年，广发推出首张先消费、后还款的真正意义的信用卡。到了1996年，广发收购中银信托投资公司，开创了我国商业银行并购非银行金融机构的先河。2006年，广发引进由花旗银行、中国人寿、国家电网、中信信托、IBM信贷等国内外知名企业组成的投资团队。此后直至2009年，公司资产规模保持年均18%的增幅，利润平均增幅接近70%，趋至一线银行水平。2011年，开始进行重大改革创新。4月8日，正式将原名“广东发展银行”更名为“广发银行”，并发布主题为“汇聚”的企业新标识。更名后的广发银行提出了“智慧金融，广发中国”的新口号，其品牌定位为广发银行通过锐意进取，提供更优质的智慧金融服务，以智慧为消费者创造价值。

广发银行的更名及新标识的推出，亟需重新定位公司的品牌及目标市场。与过去相比，今天的消费者需求发生了重大变化。其主要区别在于市场权力的变化，已经由过去的企业转到了今天的消费者手中来。在过去，品牌信息是单向传播，广而告之的方式。品牌通过更多的触点影响消费者，并且从多次的营销战役积累影响力。因而，过去公司的投入更多在于渠道推广。而今天，则是消费者主动筛选和搜索信息，信息内容要与自身高度相关。同时，消费者参与每一个营销触点，他们无时无刻不在参与营销过程。此外，消费者从内容接受者转变为内容创造者，品牌的倡导者、维护者、推销员等。

因应消费者的变化，广发银行品牌建设也进入到一个新的阶段，由之前的1.0提升到2.0阶段。1.0阶段的品牌主题是2011年提出的“智慧金融，广发中国”，强调品牌的概念定位。2.0阶段则是在2015年提出，强调品牌的概念拓展以及产品链接。这一阶段是在1.0的基础上，进一步把品牌概念形象化，并针对年轻受众，打造更鲜明的“智抠族”概念，增强代入感。

二、“智抠族”的消费行为

广发银行通过市场分析，发现一个消费现象。每个人身边可能都有这样的人，他们乐于讲价，熟悉银行推出的各种优惠、折扣，在超市买打折菜，积极参加各种商家抽奖等等。看到这些表象，很多人会觉得他们“抠”，但在“抠”的表象之下，大家没有看到的是这些人对梦想的坚持、对父母的孝顺、对孩子的疼爱。他们用一双双勤劳的手创造着财富，并将财富用在最需要的地方。这部分消费者被广发银行称为“智抠族。”

“智抠族”，既不是富有阶层的代名词，也不是贫困阶层的特指，更不是该花钱却不花的“抠门”，而是泛指在消费行为中用智慧去“抠门”，体现在具有节俭意识、规划意识、理财意识、增值意识等行为倾向的消费人群中。在高房价、高物价时代，“智抠族”秉承勤俭、节约的传统美德，善用所拥有的资源，并借助现代金融工具，凭智慧“抠”出更好的生活品质。

“智抠族”主张物尽其用，精打细算，拥有较强的金融智慧，通过自

图1 “智抠族”宣传海报

己的努力去实现心中的梦想。在物欲横流的时代背景下，“智抠族”不“拼爹啃老”，不追求奢靡，其所追求的是一种自律节制而充满梦想的进取生活方式。

“智抠族”的兴趣，更与互联网时代的消费与金融的发展变化息息相关。互联网时代下，消费场景和金融行为越来越丰富，消费者随时随地面临消费与金融决策，被迫需要不断地快速地去学习和优化。一方面，消费者拥有更多的金融账户需要管理，另一方面消费者也面临着更多的消费场景。协调二者之间的关系是今天的消费者必须面对的一个问题。

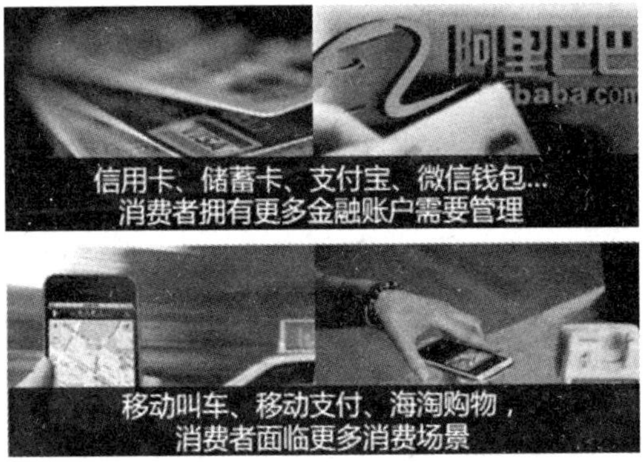

图 2 互联网时代的消费与金融

消费场景和金融行为的丰富，预示着消费者也在主动寻求更好的生活，他们希望做出最优的消费和金融决策。但即使不断快速地学习和优化，依旧显得吃力。这种消费和金融的优化决策并不是每个消费者都能快速解决的。他们想要海淘好物，却一直挣扎在各种比对当中；他们想要理财生财，收益却总不如身边朋友；他们想要优化旅行攻略，却始终制定不出一条精品路线；他们想要不断优化财务结构，却不得要领。消费者希望将每分钱物尽其用，但他们需要帮助才能实现所想，变成真正的“智抠族”。

基于消费者的洞察，广发银行在“智慧金融，广发中国”的品牌理念下，首次提出“智抠族”这一新概念。“智抠族”擅于整合资源，主张物尽其用，精打细算，用智慧与实际行动实现梦想，创造美好未来，是“勤俭节约”这一中华传统美德在新时代的践行者。同时，广发银行针对“智抠族”推出一系列金融产品，与消费者一起打造“智抠新风潮”，让“智抠”成为时尚、有趣、体面的生活方式。

“智抠族”的生活方式说到底，就是一种极简主义的生活方式。这种极简主义生活方式，是对自身的再认识，对自由的再定义。深入分析自己，首先了解什么对自己最重要，然后用有限的时间和精力，专注地追求，从而获得最大幸福。放弃不能带来效用的物品，控制徒增烦恼的精神活动，简单生活，从而获得最大的精神自由。他们了解自己的真实欲望，不受外在潮流的影响，不盲从，不跟风，把自己的精力全部用在自己最迫切的欲望上，如提升专业素养、照顾家庭、关心朋友、追求美食等。

第三节 广发银行品牌传播策略

一、品牌传播策略

针对“智抠族”的行为模式，广发银行经过精心的营销策划，推出了“向‘智抠族’致敬”的微电影。这个微电影的推出，使得“智抠族”这一概念迅速蹿红，成为一个流行词。广发银行的这一传播策略，可以用“七个一”进行总结，即创造了一个概念，包装了一批员工，制作了一组视频，融入了一些产品，影响了一批客群，配套了一系列互动，以及掀起了一股潮流。

创造了一个概念。在“智慧金融，广发中国”的品牌理念下，2015 年 11 月，广发银行首次提出“智抠族”这一概念，“智抠族”作为勤俭节约在新时代的践行者，擅于整合资源，主张物尽其用，精打细算，用智慧与实际行动实现梦想，创造美好未来。

包装了一批员工。针对“智抠族”，广发银行发起了一个“广发之星”活动，为“智抠族”的品质生活贡献智慧，以期打造广发银行独一无二的个性，同时改变目标消费群对金融品牌高高在上的刻板印象，使品牌年轻化，并传达进取、创新、有活力的品牌价值观。12位“智抠族”明星相继被选出，成为“广发之星”。广发之星来自于广发银行各个机构，由网络全民投票选出，广发银行此次创新启用企业内部“草根”员工代言，由员工身体力行对外传递“智抠族”精神，展示员工风采的同时，也赢得业内业外的赞誉之声，真正体现了“智抠”精神。

广发之星化身互联网化的微信表情，引发人际传播；大众媒体传播：西安机场长达58米的长廊态度广告，发出十二星座广发人的个性宣言，一经投放便引来强势围观，回头率100%。

制作了一组视频。2015年12月1日，“向‘智抠族’致敬”微电影强势登陆门户网站及主流视频网站。2015年12月中旬，多条“病毒”视频陆续推出，持续引爆“智抠”话题。此次的“智抠族”系列视频还邀请到广发银行网络金融代言人——孟非重磅参演，力挺“智抠族”。早在11月下旬，广发银行先后两次发布微电影《向‘智抠族’致敬》的预告片，引发关注。第一次发布的微电影预告片时长只有15秒，通过多个自媒体平台推广后，公众直呼不过瘾。11月30日，“广发银行微讯社”公众号再次发布了时长40秒的新预告片为微电影上线全面预热。

12月1日微电影《向‘智抠族’致敬》正式上线，广发银行再出新招，以广发之星（广发全员投票选出的高颜值员工草根代言人）拨打神秘来电的形式与用户进行亲密互动，巧妙结合微场景和对话内容，增强用户自身的代入感，以一种特殊而有趣的方式引发公众对“智抠族”的进一步关注。自2014年下半年开始，各种H5游戏和专题页已逐渐走进人们的视野，并成为各行各业传播新兴武器。顺应时代潮流，广发银行也瞄准了H5互动游戏版块，并对之进行大胆的创新，为粉丝和用户带去专属的互动体验。广发银行本次在发挥微信活动互动性和传播性的同时，增加了品牌的传播度和微信公众账号的关注率，这在 H5 版块无疑是一项成功的创新案例。

图 3 “智抠族”系列腾讯视频

广发银行年度巨献微电影《向‘智抠族’致敬》讲述的是“智抠族”代表人物“大发”（男主人公名字）的故事。大发因其平日的抠门行为而被大家不理解，但他实际上是一个有情有义的生活智者，不仅有孝心、有爱心，还有公益心，更会实实在在付诸行动，一步一步实现自己的梦想。

全片由广发之星倾情出演，全程笑点十足，更有“史上最睿智月老”孟非重磅加演，领航“智抠族”打入多元文化新思潮，以实际行动力挺“智抠族”。电影主题明确，画面轻松诙谐，幽默与温情并重，甫一上线就成功吸引公众关注，瞬间成为受众热议话题。微电影视频更是在短时间内就被高频转发，因微电影而引起公众巨大共鸣，其传播速度之快完全超出预期。

融入了一些产品。在“智抠族”系列视频的一帧一画中，悄悄地融入了来自广发银行的“智抠”大礼包——广发信用卡、温情存单、24 小时智能银行、个人网银、个人贷款、月光宝盒 APP 等等。

影响了一批客群。在全方位的渗透之后，“智抠族”系列微电影全网播放量超过 1000 万次，网络传播触达人群超过 4 亿人次。“向‘智抠族’致敬”话题引领讨论热潮，至今相关画图转发次数 98,174 次，评论数 13,982 次。从线上的社会化资源渠道、自媒体渠道、PC 端网络资源渠道、线下 700 多个营业网点多屏轮播，到线上线下媒体自发报道、用户病毒式传播等多渠道覆盖，给了客群多种渠道接触、了解“智抠族”，唤醒了具有节俭意识、规划意识、理财意识、增值意识等行为倾向的消费人群，“智抠族”族群应运而生，并持续扩大。

配套了一系列互动。为了宣传“智抠族”的概念及公司经营理念，广发打造了一系列传播活动：一是微电影传播，用病毒视频的方式大喊“智抠族”宣言，向智抠生活致敬；二是双微传播，通过微信、微博的形式传播“智抠族”的概念；三是广发之星神秘来电 H5，广发之星们以拨打神秘来电的形式与用户进行亲密互动，代入电影微场景的对话内容，让用户身临其境；四是 H5 互动专区，广发银行瞄准了 H5 互动游戏板块，在发挥微信活动互动性和传播性的同时，增加了品牌的传播度和微信公众账号的关注率，这在 H5 板块也是成功的创新。

掀起了一股潮流。无论是在社会化媒体的微信、微博，还是在优酷、腾讯、网易、今日头条、百度等各类一线网络平台，“智抠族”系列视频都获得了超乎预想的响应与满赞好口碑。

二、传播效果评价

广发银行通过五个阶段，对“智抠族”的理念进行广泛传播。这五个阶段分别为吸引受众、参与互动、传播信息、接触品牌、分享扩散等。同时，广发银行通过多个平台，多种模式传播品牌信息。例如，广发银行携手优酷、网易发起“向‘智抠族’致敬”的营销活动走进“智抠”圈子，共同传播智抠精神。同时，广发创造智趣 H5 线上互动游戏引爆微电影热度，并携手优质网络媒体硬广，共同为智抠专题铺造优质引流模式。此外，广发也利用社会化媒体一并引发智抠狂潮。这些传播方式包括金融垂直媒体覆盖、新闻类媒体报道、论坛 BBS 发帖、新闻软文发布、微博大号推广以及微信红人推广等。

吸引受众	参与互动	传播信息	接触品牌	分享扩散
一部微电影三部病毒视频	两大专题（网易、优酷）神秘来电H5互动	浏览专题观看视频	接触广发金融产品信息，参与上传“万人智抠故事”	分享神秘来电H5，网易专题，传播微电影和病毒视频，传播广发品牌与产品信息

图4 广发银行对“智抠族”的传播阶段

经过整合多种传播方式，“智抠族”的概念已经深入人心，广发银行的传播取得了很大的效果。据统计，于2015年4月初创的“广发银行微讯社”订阅号粉丝量从2500迅速增加至超过10万。截至2015年12月31日，“智抠族”系列视频在优酷、腾讯、网易三大平台的播放总量达5,735,136次，其中《向“智抠族”致敬》微电影的播放量达至3,665,664次。网络媒体硬广实际曝光量达到411,699,863次，实际点击量达到4,941,824次。微博实际转发次数达到98,174次，微信实际阅读总量达到415,412次，微博、微信及新闻网站、论坛网站的传播共获得总曝光量达到9000万次。同时，截至2015年12月27日，网易H5PC端+移动端互动专区PV数值达到1,939,080，UV数据达到541,933；参与人数共有15,864人，参与作品量达到41,472份，充分体现了广大网友对活动的关注与参与热情。

案例启示

银行业的产品同质化现象是其产品本身的特点所决定的，要想在银行金融产品进行创新并不为竞争对手所模仿是一件很困难的事情。因而银行企业的差异化战略当以品牌形象差异化为主，而品牌形象差异化的前提是要找准适合自己品牌形象特点的细分市场。广发银行在市场分析的基础上，提出了“智抠族”的概念，并且通过品牌策划与传播，让消费者把“智抠族”与广发银行进行联想，从而建立起了广发银行的“智抠族”形象，从而在市场上抢占了先机，取得了令人瞩目的成绩。

1. 细分市场的挖掘。广发银行品牌传播的成功首先得益于其对细分市场的挖掘，发现了一个具有巨大需求及潜在增长的市场——“智抠族”。这类消费者的消费行为特点是善用资源，用智慧“抠”出更好的生活品质。在产品消费方面，他们物尽其用，不浪费一分一毫；他们精打细算、勤俭节约，只是为了坚守那一份梦想。在资金花费方面，“智抠族”不仅把一分钱分两半花，还非常善用已有的资源，如他们会特别关注购物中的优惠信息、旅行中的特价机票和住宿，省钱的同时又提高了生活质量。在社会公益方面，“智抠族”注重环保，物尽其用，牙膏要用到尽、一张纸巾撕开两三半用、废旧饮料瓶纸盒卖钱。在金融理财方面，“智抠族”对自己很“抠”，但对家人却是全身心投入。他们会每年送父母外出旅行，给孩子储蓄教育基金，帮助爱人实现愿望。“智抠族”都会选择合适自己的理财产品。

“智抠族”产生具有鲜明的时代背景。主要是两大因素推动了“智抠族”的发展壮大。一是物价上涨与工资增长的不平衡。今天许多工薪阶层面临着物价上涨的压力，尤其是住房、医疗和教育等领域的压力增加。这些方面的需求是一种刚性需求，是一个不可回避和不可替代的需求。例如房价的居高不下已经让很多城市工薪阶层感觉到了压力山大。在物价上涨的同时，人们的工资上涨幅度并没有同步跟上，从而导致消费和需求之间的不均衡发展，影响着人们的幸福指数。为了应对这些花费巨大的刚需，学会聪明消费是当代工薪阶层的一个重要消费策略。二是家庭理财已经成为一种潮流。随着金融理财思想的深入人心，家庭理财观念已经越来越被大多数人们接受。尤其是个人投资渠道有限，低利率使得居民的储蓄得不到回报，而消费者对未来的教育、健康支出判断存在很多不确定性，因而需要对已有资产进行保值增值，对于家庭理财与个人投资方面的思考也促使了“智抠族”应运而生。这两大趋势的发展必然推动“智抠族”的规模不断增长。

可以说，“智抠族”充满了正能量，代表着一种新兴的消费潮流。这就意味着这个市场的潜力很大，未来是会逐渐增长的。因而占领这个市场具有非常重要的潜在价值。广发银行的独到之处就是发现了这样一个颇具规模的潜在市场。如果能够在这个市场是进行经营，定能给企业带来巨大的利益。

2. 巧妙的品牌传播。发现一个需求巨大的潜在市场并不等于企业已经成功了。这需要公司的品牌定位以及在消费者心目中建立起品牌与市场之间的联系。因此，公司需要通过策略性的品牌传播手段，让消费者感觉到广发银行就是定位于“智抠族”的。那么如何把这一关系推广开来？这需要公司进行策略性的品牌推广。其中一个难点便是如何应对信息碎片化的时代。随着信息网络技术的发展，人们的大量信息都是通过互联网获得。而互联网上面的信息是海量的，同时也是快餐式的和条目式的。海量的碎片化信息对人们的影响是多方面的。第一，碎片化信息让人们变得浮躁。随着互联网技术的发展，各种各样的信息平台充斥着网络，人们可以通过手机报、博客、搜索引擎、新闻网站、即时通信等多种方式获取信息。信息量的增多以及信息获取的方便性，使得人们很少能够静下心来深入思考一件事。一个文档稍微长一点，人们就没有耐心阅读下去。

第二，海量信息也会导致注意力的分散和转移。本来打算上网收邮件的，打开网页被一则新闻吸引，看完新闻后又发现明星八卦的链接，点击链接后发现新上映的娱乐大片，接着就开始饶有兴致地看电影了。套用一句话就是：我们已经越走越远，忘记了当初为什么出发。这些层出不穷的信息势必干扰人们的注意力，往往难以专注某一事物。

面对这种碎片化信息时代，广发银行别出心裁的通过微电影等多种功能方式，立体地对其品牌形象进行传播。微电影《向“智抠族”致敬》之所以能打动人心，关键点在于其抓住了人们的心理，契合了当代工薪阶层的切身感受，从而产生较强的代入感。同时邀请孟非作为代言人在一定程度上也影响了不少粉丝，在此基础上陆续推出了两部病毒视频，更进一步地打动了受众的心。

广发银行品牌传播的另一个重要特点就是受众的参与。通过 H5 互动游戏和广发之星来电等方式引导受众参与传播。在互联网时代，顾客参与以及网络体验很大程度上影响受众对于信息的接受和认同程度。

3. 打动人心的消费者教育。由于“智抠族”这个概念是广发银行首先提出来的，此前人们并不知道“智抠族”这个概念。因而如何让这个概念深入人心，很重要的一点就是消费者教育，通过一定的手段，将公司、产品、服务、政策、策略等期望消费者了解的信息传播给消费者，并获得消费者认同。要想把“智抠族”这一观念植入消费者心中，就要找到“智抠族”的形象与消费者心理之间的共鸣。《向“智抠族”致敬》的形象传播在一定程度上起到了这个作用。

公司通过塑造一个人物——大发，来建立起与受众之间的共鸣。大发因其平日的抠门行为而被大家不理解，但他实际上是一个有情有义的生活智者，不仅有孝心、有爱心，还有公益心，更会实实在在付诸行动，一步一步实现自己的梦想。这个人物形象应当说比较符合大多数年轻人的实际情况。当代青年人拥有一颗向上奋进的雄心，也具有一颗尊老爱幼的善心。然而这一切都建立在经济基础之上。没有一定的经济实力为基础，这些志向往往只能是美好的愿望，难以转化为实际行动。而大发这个人最终能够做到不忘初心，就跟他平时的“抠”有很大关系。正所谓，理想是丰满的，现实是骨感的。许多的雄心壮志都来自于日常生活的点点滴滴。这个人物形象可以说在很大程度上抓住了当代年轻人的泪点，能够产生很强的代入感和心理共鸣。

广发银行除了在内容设计上契合了当代年轻人的心理需求，在传播手段方面也能够抓住人们的心理，从而能够把公司的理念植入受众的心中。

一方面，公司采用多层次立体式的传播手段，尤其是受众参与到公司的传播当中来，通过 H5 游戏等富有参与元素的传播手段，让消费者在互动过程当中感受到公司的相关理念；另一方面把公司的相关理念植入到传播活动当中，给人一种润物细无声的感觉，而不是那种轰炸式的广告传播手段，因而更能够获得受众的认同。

长安信托
“山间书香”品牌公益善举

长安信托始终将回报社会作为企业重要发展理念，积极履行社会责任，探索多元化公益模式，把实现经济效益和社会效益统一起来，服务和回报社会。通过2008年推出的全国首个规范的公益信托计划“西安信托·512抗震救灾公益信托计划”、2013年设立长安信托·西安交大长安信托奖学金公益信托计划、2015年11月设立国内首个普惠金融慈善信托“大爱长安·陕西银行业普惠金融扶贫慈善信托”、2016年8月发起并成立北京长安信托公益基金会以及2013年底成功启动的长安信托·长安财富原创大型公益活动“山间书香·公益行”等，长安信托不断创新社会责任的履行方式。

长安信托需要一个品牌性的公益活动，保证活动的持续性和运作效果的同时，也利于活动知名度的打造和提升，以此吸引更多力量加入公益；最终也能通过活动品牌的打造，提升长安信托的品牌知名度和美誉度，传播长安信托“长安心 百年业”的信仰与社会责任感。将通常被视为义务的企业慈善活动转化为有价值的企业资产，从而实现公益目标与商业目标的双赢。在此背景下，“山间书香·公益行”品牌活动作为长安信托公益活动的主要支撑点，成为公司集聚品牌声誉的吸金石，为公司带来重要的品牌提升。

第一节 长安信托的公益历程

一、长安信托的发展史

长安信托成立于1986年。当年8月，中国人民银行总行批准成立西安市信托投资公司。此后1992年10月，中国人民银行总行批准公司更名为“西安市国际信托投资公司”，并于1994年被中国人民银行西安市分行批准经营外汇业务。在改革开放的大潮中，公司于1997年被西安市财政局所属的国有独资公司改制为有限责任公司，并于1999年由中国人民银行西安分行根据监管职责权限和中国人民银行总行授权批复的公司增资改制的有关变更事项，引进了具有企业法人资格的九家股东，更名为“西安国际信托投资有限公司”，注册资本增加到人民币3亿元（含外汇资本金750万美元）。

2008年2月，经中国银行业监督管理委员会批准，公司重新换领了中华人民共和国金融许可证，更名为“西安国际信托有限公司”（以下简称“西安信托”）。此后1年之内，公司注册资本增加到人民币5.1亿元。2011年11月，经中国银行业监督管理委员会批准，并经工商登记，公司整体变更为股份有限公司，同时更名为“长安国际信托股份有限公司”。变更后公司注册资本为人民币7.5888亿元。2016年2月，经中国银行业监督管理委员会陕西监管局批准，并经工商登记，公司注册资本变更为人民币33.3亿元。

如今，长安信托主要从事资金信托、投资银行、融资租赁和其他金融业务，涉及货币市场、资本市场、产业市场和金融衍生品市场等领域。作为一家卓越的专业资产管理和投资管理机构，长安信托成立多年来，为国内外数百家企业和机构以及数万余名自然人投资者提供了专业的信托金融服务。

二、长安信托的公益历程

公益活动能够提升公司品牌形象已成为共识，其背后折射的是“公益事业也是生产力”的思想，意即承担社会责任能提升企业的竞争力和完善价值观。企业参与社会公益活动，不仅能外显企业的价值取向，也承担了企业的社会责任和义务。企业通过提升和完善其价值观，并将这些富含正能量的价值观传播给社会，将会引起越来越多的社会共鸣，增强受众对公司经营理念的认同及品牌偏好。因而，将这种积极向上的价值观通过具体的公益活动传播开来，一方面可以获得外部公众的赞赏与支持，扩大公司及品牌的影响力，提升企业社会形象的美誉度，具体表现为消费者对公司品牌的偏好、公司人才招聘的吸引力以及公司合作伙伴的信赖与支持等；另一方面，公益活动可以对内提高凝聚力，激励员工的士气，提升员工对公司产生更大的认同感和信赖感，促进企业自身的成长。公益活动能在最大程度上体现企业的核心价值观和企业文化精髓。在产品越来越同质化的今天，参与公益活动不仅能满足企业对差异化竞争战略的追求，同时还是提高企业竞争力的重要途径。如何开展公益活动，开展哪方面的公益活动便成为长安信托的战略考量。

2008 年，长安信托推出全国首个规范的公益信托计划“西安信托・512 抗震救灾公益信托计划”。2008 年 5 月 12 日 14 时 28 分，四川省汶川县发生了里氏 8.0 级特大地震，给四川人民造成了巨大生命及财产损失。受“5・12”特大地震波及，陕西省各地普遍产生强烈震感，特别是靠近四川的汉中、安康等市，部分群众生命财产受到较大损失，中小学校等公共设施遭受严重损坏。为了充分发挥信托在公益事业中特有的制度优势，顺应此次汶川地震后全社会空前高涨的捐赠热情和各类公益活动蓬勃发展的势头，西安信托于 2008 年 6 月 6 日推出“5・12 抗震救灾灾区学校重建公益信托计划”，以发行信托产品的方式，募集到上海证大投资管理有限公司 370 万元、深圳市淳大投资有限公司320万元、西安信托200万元、深圳市斯科泰技术有限公司110万元，共计捐赠1000万元，这四家公司委托西安信托将善款定向用于于陕西省地震灾区受损中小学重建、希望小学援建。

2013年11月28日，公司成立了“长安信托·西安交大长安信托奖学金公益信托计划”，充分调动社会大众献爱心于公益事业的积极性，充分利用信托制度优势和受托人专业化的管理手段，通过奖学金形式发展教育事业。该公益信托的信托资金为委托人无偿捐赠资金，并指定全部用于奖励西安交通大学经济与金融学院优秀全日制在校研究生（含硕士生、博士生）。当每年捐赠资金超过10万元时，超出的资金也可奖励和资助经济与金融学院的在校本科生。

“长安信托奖学金公益信托”自成立之日起，第一期共募集资金163,500元，第二期共募集资金134,400元，第三期共募集资金104,792元。第一、二、三期长安信托奖学金捐赠金额均为10万元，每期奖励人数均20人，（其中博士研究生5人，硕士研究生15人），每人金额5000元。获奖学生成绩优异，曾获得各项奖学金、发表多篇论文或参与多项课题研究。

与奖学金公益信托同年成立的，还有一个更大规模的公益项目——“山间书香·公益行”。该活动专注服务贫困山区学子，以向贫困山区学校捐助书柜、书籍、文体用品、图书室等方式助力山村教育，旨在培养孩子们良好的阅读习惯，提高人文素养，引导他们尊重知识，并以此号召全社会关注贫困山区孩子的文化生活，关爱他们的健康成长，为他们搭建图书和梦想、心灵之间的桥梁。

2015年11月，公司设立国内首个普惠金融慈善信托——“大爱长安·陕西银行业普惠金融扶贫慈善信托”。该慈善信托募集资金约500万元，同时采取金融杠杆原理，该慈善信托能撬动金融机构资金1亿元支持精准扶贫，促进三农发展。

该慈善信托在中国银行业监督管理委员会陕西监管局的密切指导和大

力支持下由陕西省银行业协会牵头发起，共30余家银行业金融机构签署了捐赠协议或明确了捐赠意向。根据信托设计，该慈善信托资金首期以农户小额贷款风险损失补偿金的形式与陕西省延川县农村信用合作联社、志丹民生村镇银行等金融机构合作，适当降低对农户的贷款发放条件，使金融服务更广泛地惠及陕西相对落后地区的农户。慈善信托对合作机构发放该类贷款的损失进行补偿，提高合作机构对农户发放贷款的积极性，使更多农户得到生产经营的资金，促进"三农发"展。后续经决策委员会审批后，该慈善信托将探索更多有效的金融促扶贫方式，在陕西农村地区实施可持续发展项目。

这一慈善信托创新，在两个方面集中体现了金融扶贫的新模式。第一，创新性地将各机构捐款集中起来成立专项基金，再由基金发起设立扶贫慈善信托，通过与县域金融机构合作，对小额农户贷款进行风险补偿，降低授信门槛，扩大授信客户范围，使得以前不符合信贷条件的农户获得贷款，为特定贫困人口提供生产经营所需的资金，实现定向扶贫，践行了普惠金融的理念。第二，相关业务开展后，可以对贫困人口这一特定人群贷款的违约率、损失率等进行跟踪评估，适当予以风险补偿，探索建立"政府＋社团法人＋基金＋银行贷款""担保人担保"等小额信贷模式，切实发挥小额信贷在支持贫困农户方面的优势，助力"十三五"期间老区贫困人口脱贫目标的实现。

2016年8月5日，北京长安信托公益基金会发起成立。该基金会由长安国际信托股份有限公司及其股东上海证大投资管理有限公司、上海淳大资产管理有限公司、上海景林投资发展有限公司共同出资设立，宗旨为打造优质公益平台、促进公益事业发展。基金会将根据捐赠人的意愿资助教育发展、医疗救助、环境保护等相关的公益项目。这是国内唯一一家由信托公司发起成立的基金会。

2016年10月，长安信托继续在慈善信托领域发力，新成立两款慈善信托，分别是"长安慈——未来创造力1号教育慈善信托"以及"长安慈——环境保护慈善信托"。"长安慈——未来创造力1号教育慈善信托"旨在鼓励和支持中国青少年素质教育，“长安慈——环境保护慈善信托”则致力于生态环境的保护。截至2016年10月，全国共设立13款慈善信托，其中，长安信托设立的慈善信托数量占23%。这主要得益于长安信托多年来在公益慈善领域的探索和实践，以及对创新业务的快速反应与支持。

第二节 “山间书香”的慈善活动

一、“山间书香·公益行”的发起

“山间书香·公益行”于2013年12月13日发起成立，专注服务于贫困山区学子，以向贫困山区学校捐助书籍、文体用品、捐建图书室等方式助力山村教育。“山间书香”秉持的理念是“捐一本书，开一扇窗”。公司认为最好的帮助是灵魂的关爱与平等交流，贫困落后地区，缺少的不仅是物质，更是精神上的充盈。薄弱的教育学习条件，让孩子们与外面多姿多彩的世界脱节，他们需要一扇窗户，通往梦想的彼岸。因此，“山间书香·公益行”因山村教育而生，以改善贫困地区孩子精神成长环境为目标。

图1 “山间书香”logo和公益行宣传海报

“山间书香·公益行”的捐书范围包括教科书、故事类、科普类、文艺类、工具书等适合小学生阅读的图书。捐书的途径有两种，一是会员捐书，可将所捐书本交予专属理财师，由公司组织送达；二是非会员捐书，可拨打公益热线 400-000-0080 或添加长安信托·长安财富官方微信“caitc01”或“caitc02”。多年来，作为金融机构，长安信托并没有视公益为“浮华名声”，而是扎扎实实地实践。截至 2016 年 12 月，长安信托“山间书香”志愿者行走 15,000 多里路，带领 1000 多名高净值爱心客户，奔赴陕西、北京、山东、四川、浙江、辽宁、吉林、广西等 30 多个省区，为 37 所学校 6000 余名孩子和老师捐赠了 25,000 多本图书和 8000 多件文体用品，建立了 100 多个山村小学公益图书墙、公益教室及公益阅览室。经过长年累月的“山间书香”活动，长安信托不但为山区儿童送来了温暖，也实现了品牌形象的快速提升。

二、“山间书香·公益行”的主要活动

“山间书香·公益行”活动自 2013 年以来，努力创新，积累起了广泛的品牌声誉，已经成为信托领域公益活动的一张名片。揭开这项公益事业序幕的，就是 2013 年 12 月 13 日长安信托爱心人士走进陕西渭南贫困山区。

图 2　陕西渭南贫困山区合影

2014 年 3 月 14 日，长安信托董事长高成程带队，与公司客户一起从西安出发，历经 3 个多小时崎岖山路，抵达大山深处的陕西富平县白庙乡大王小学，向孩子们捐赠了书柜、分发了书籍。在这个乡辖区内，1 万多群众散

落于12个行政村中，为了上学，不少孩子每天早上都需要摸黑走6公里山路。当听到“白庙乡人均年收入为2000元，一辈子只去过几趟县城的老乡亲大有人在”时，客户们无不动容。捐助活动开始后，客户与山区学校的孩子们一起组装捐赠的标准书柜，为孩子们分发书籍，现场一片暖意，令人感怀。

2014年5月28日，长安信托总裁崔进才带队，与多名爱心客户一起来到陕西铜川市王益区黄堡镇屽村中小学，为孩子们带来价值上万元的图书、课外读物及足球等学习、生活用品。该校以前是初中，图书馆的藏书主要针对初中生，由于以后不再招收初中生，只收小学生，学校的藏书明显与学生的需求不符。加上是山村学校，平时学生的课外活动也比较单调，这次“山间书香”赠送的物品对他们来说就是雪中送炭。

2014年5月29日，“山间书香”公益活动首次走出陕西，联合青岛市团委共同对胶州市胶北街道地恩地希望小学进行了捐助。活动中，长安国际信托股份有限公司领导及部分客户向地恩地希望小学捐赠了图书和文体用品，为捐建的公益阅览室举行了揭牌仪式，并通过主题班会的形式与学生进行了互动交流。这也是“山间书香”活动第一次走出陕西省，向省外捐助的活动。

图3 地恩地希望小学合影

2014年6月20日，“山间书香”公益活动走进“汶川地震”灾后重建学校四川省德阳市罗江县白马镇明德学校进行捐书，并挂牌公益阅览室。此活动是长安公益的历史延伸，2008年汶川地震发生后，长安信托积极奉献爱心，成立国内首支公益信托“5·12抗震救灾公益信托计划”，捐建了5所公益小学。

在2014—2015年跨年时，长安信托·长安财富邀请受捐助的数名学生及老师来到公司总部西安，进行了为期三天的“暖冬城市之旅”，老师孩子们在长安信托·长安财富的陪伴下，走进了大学、长安信托总部、博物馆，登上了西安古城墙，并于跨年夜参加了“长安信托—欧式皇家交响晚礼派对”，与世界顶级交响乐团同台。12月29—31日，暖冬行动邀请近年山间书香活动捐助过的、大山里的优秀学生及教师，莅临古城西安，体验暖冬温情。

高等学府游	让孩子们感受到高等学府的文化氛围与青春活力，激发他们对于未来的希望与追求
文化知旅	自然博物馆—科技博物馆—西部之光。让孩子们感受感知自然界的神奇、科技的玄妙，同时从城市最高学府点俯瞰，体验不一样的城市魅力
走进历史	登城墙，感受历史，放飞梦想
长安信托•意大利米兰交响乐新年音乐会	孩子和教师们受邀观赏新年音乐会，在交响乐的陪伴下，共度跨年美好时光

图4 暖冬行动的主要节目

2015年，“山间书香”公益爱心人士心系山区学子，走进广西瑶寨，将公益的的脚步又往前迈了一大步。

2015年4月9日，“山间书香”公益行活动走进陕西省蒲城县永丰镇刘家沟小学，长安信托公司私人银行四部经理杨瑾、县文明办主任屈小平、县教育局基教股股长许顺强、县志愿者协会秘书长郝英、县抽黄管理处志愿服务队、县石羊抽水站志愿服务队及长安信托20名客户代表参加捐赠活动。活动现场，长安信托公司杨总和刘家沟小学校长奥联宏签署捐赠文件，进行捐赠物品交接。此次长安信托向学校捐赠钢木书柜和图书及体育用品、学习用品价值近10,000元。

2015年5月27日，由长安信托与陕西省妇女联合会、陕西省国际文化交流基金会共同主办的“心手相牵，随我而至”关爱留守儿童公益活动在西安隆重启动。在启动仪式上，长安信托捐赠10万元，与陕西省国际文化交流基金会传统文化发展基金共建“山间书香·公益行”项目，打造10个留守儿童成长家园“山间书香”爱心书橱，使留守儿童有书读，有好书陪伴他们健康成长。

2015年7月，长安信托·长安财富“山间书香·公益行”再次升级，公益志愿者与爱心客户赶赴广西瑶寨，探访大山深处的孩子，不仅为他们带去图书和文具，同时为瑶乡百姓捐建爱心水窖。长安信托·长安财富希望孩子们能从书里找到人生的出口与方向，汲取力量与智慧，在未来的某一天，能够凭借自己的力量回馈家乡，实现爱心接力。

2015年9月初，长安信托联合香格里拉酒店集团、媒体等志愿者，奔赴广西凌云县伶站瑶族乡浩坤村，为饱受缺水之苦的弄新小学孩子们捐建水窖，同时送上图书和文具。9月下旬，长安信托“长安家风·家族慈善信托基金”亮相第四届中国公益慈善项目交流展示会，引起了慈善及金融行业的广泛关注与讨论。

2016年3月25日，长安信托·长安财富私人银行一部精心组织约50位高净值客户，走进陕西省安康市紫阳县向阳镇营梁小学，开启了“山间书香·公益行”又一场动人心魄的心灵文化之旅。活动中，公司向学校捐赠了书柜、图书及笔记本、彩笔、足球、羽毛球拍等一批文体用品，同时还与师生们一道举办了以“我的梦想”为主题的班会交流活动。这是长安信托·长安财富“山间书香·公益行”自2013年启动以来捐助的第33个小学。

2016年5月12日，第26次全国助残日来临之际，长安信托·长安财富北京中心组织近20位爱心客户、志愿者，将价值3万元的图书、书柜和文体用品，送到了山东省新泰市特殊教育学校的孩子们手上。这些孩子们天生患有语言障碍、智力障碍和孤独症等疾病，他们无法像正常孩子一样享受本该拥有的健康和快乐，也很少有人真正了解他们、走进他们的内心世界。他们像是一群带着隐形翅膀降落人间的小天使，同样的一举一动，他们却承受着超出同龄孩子百倍千倍的辛苦。他们更渴望社会的关爱和平等对待。长安信托·长安财富认为，不仅是每年助残日这一天，也不仅是一次活动，其实每一天、每一刻，都有许多需要爱心润泽的地方和人们。通过公益活动让更多人关注这些如星星般低调闪耀的孩子们，以实际行动鼓励和引导他们勇敢乐观面对成长和生活，是“山间书香·公益行”的初衷。

图 5 山东省新泰市特殊教育学校合影

2016 年 6 月 23 日，长安信托·长安财富北京中心二部组织 32 位客户，一行 35 人携带图书和文体用品前往凤城市石城镇九年一贯制学校，与孩子们分享读书的乐趣。这是长安信托捐助的第 35 所学校。活动当日，长安信托·长安财富北京中心二部及爱心客户共捐赠了 1 套钢木组合书柜，227 件篮球、羽毛球、油画棒等文体用品及 600 册图书。由图书和书柜构成的“山间书香图书角”，最终在大家齐心协力下落成。

通过一系列的捐助活动，长安信托已经把公益变成一种信仰，也让人们对长安信托产生这样一种印象——热心公益、积极承担企业社会责任是长安信托一贯的企业文化。

三、“山间书香·公益行”的传播策略

“山间书香·公益行”的发起有其内外部的原因。就外部原因来讲，主要有两方面。

第一是中国经济发展不平衡，城乡教育资源差距明显，社会问题凸显。中国东部沿海与中西部经济发展的不平衡，城乡差距的突出，导致农村孩子教育资源薄弱，知识与视野都囿于狭窄的空间里；同时，留守儿童成为近年来一个突出的社会问题。因为在成长发育的关键时期，无法享受到父母在思想认识和价值观念上的引导和帮助，也缺少父母情感上的关注和呵护，极易产生认识、价值上的偏离和个性、心理发展上的异常，一些人甚至会走上犯罪道路。

相较于物质，乡村孩子更需要精神上的关爱与补给，尤其是在成长的关键时期，需要正确的价值观引导。一本好书可以给人带来精神领域的巨大滋养，尤其是在少年时期，良好的阅读习惯能够给孩子塑造一个阳光健康的精神世界。

第二是传统企业捐赠方式局限性大，公益效果差。目前企业的捐赠方式多为一次性捐款，且更多是政治任务，对于品牌形象建设也没有长期价值。“授人以鱼不如授人以渔”，短期效应的捐款捐物只能解一时之渴，也容易令“受赠者”形成依赖，公益效果差，不能持续性创造价值。

就内部原因来讲，主要是社会责任需要、公益与企业品牌战略的互益与多赢。长安信托始终将“回报社会”作为企业重要发展理念，积极履行社会责任，探索多元化公益模式，把实现经济效益和社会效益统一起来，服务和回报社会。通过 2008 年推出全国首个规范的公益信托计划“西安信托·512 抗震救灾公益信托计划”、2013 年设立长安信托·西安交大长安信托奖学金公益信托计划、2015 年 11 月设立国内首个普惠金融慈善信托“大爱长安·陕西银行业普惠金融扶贫慈善信托”、2016 年 8 月发起并成立北

京长安信托公益基金会以及2013年底启动的长安信托·长安财富原创大型公益活动“山间书香·公益行”等，不断创新社会责任的履行方式。

长安信托需要一个品牌性的公益活动，既能保证活动的持续性和运作效果，也有利于活动知名度的打造和提升，以此吸引更多力量加入公益。最终也能通过活动品牌的打造，提升长安信托的品牌知名度和美誉度，传播长安信托“长安心 百年业”的信仰与社会责任感。将通常被视为义务的企业慈善活动转化为有价值的企业资产，是长安信托实现公益目标与商业目标双赢的战略决策。

就传播策略而言，“山间书香·公益行”秉持“送一本书，开一扇窗”的理念。

在常规送书活动的基础上，“山间书香”不断丰富活动形式。按照时令季节调整活动安排，扩大活动的触及点与体验广度。

一方面，“山间书香·公益行”在活动内容上进行了适当创新。第一，增加了暖冬城市之旅的活动。为了让乡村孩子在寒假之际同样感受到温暖，“山间书香”对所有受捐学校进行了回访，送去了过冬物品。

通过大学参观，孩子们提前接受高校学府文化氛围的熏陶；参观长安信托总部，感受现代化企业的规范与精神面貌；参观历史和科技博物馆，领略几千年历史的厚重底蕴与现代化科技的魅力；而聆听世界级交响乐，登上音乐厅的舞台，与乐团共同表演，孩子们发现音乐的美妙，跟随交响乐这种西方经典乐曲形式，进入另一个新奇的世界。

短短几天，既开阔了孩子们的视野，丰富了人生体验，也让“山间书香·公益行”的品牌得到了良好的推广。

第二，增加了骑向未来·广西瑶寨之旅。2015年7月17日，长安信托·长安财富中心联合香格里拉酒店集团、深圳V7保时捷俱乐部，以及公益行骑手等志愿者从深圳出发去往广西南宁瑶寨村庄，送去书物，并考察捐助建设水窖。

此外，“山间书香·公益行”也在媒体传播方面进行了适当创新。一是采用主题宣传片的策略。“山间书香”设计一系列问题，通过对城市孩子的实地采访，展现他们眼里农村孩子的生活情景。最后通过实景对比，揭示城乡世界的差距，让城市孩子看到，在远方的瑶寨里还有一群同龄人过着和他们完全不一样的生活，并借此表达主题：“世界那么大，你不出去走走，就会以为这是全世界。”引发城市孩子和大人的思考，最终将采访和主题内容制作成宣传片，进行传播。

另一方面，投放报纸广告。“山间书香·公益行”设计了本次活动平面广告，在长安信托西安咸阳国际机场 DM 和《金融时报》上投放。同时，“山间书香·公益行”也撰写了新闻稿投放于公司自媒体平台。

四、活动效果评价

“山间书香·公益行”自启动以来，从陕西开始，借助长安信托全国分布的条件，不断扩大延伸至更多地方。使其在短短三年内，成长为全国性公益品牌。从区域覆盖来看，从 2013 年末开始到 2016 年上半年，山间书香共做了 35 场活动，行走 15,000 余里路，捐赠 25,000 余本图书和 8000 多件文体用品，带领 1000 多名客户，去往西安、北京、成都、大连、长春、广西百色瑶寨、山东新泰、辽宁凤城等区域的 35 所学校。从媒体报道来看，“山间书香·公益行”被相关网络媒体报道 200 余篇，被新闻视频报道 10 次左右。其中，报道过“山间书香·公益行”活动的网络媒体有新浪、搜狐、和讯、金融界、全景网、凤凰网、东方财富网、证券日报网、中金在线、国际在线、中国网、光明网、中国日报网、南方财富网、中国信托网、中国经济网、公益时报网、中国信托业协会网、证券时报网、每经网、安徽金融网、金投网、信托网、亚洲财经网、第一信托网、同花顺财经网、中华网等。

此外，2014 年 12 月，在中国网、中新网、环球网、中国日报网、搜狐焦点公益基金、美通社、百度公益等 20 多家媒体联合发起主办的第四届中国公益节评选中，长安信托长安财富中心“山间书香”公益项目，获得“2014 年度最佳责任品牌奖”。

案例启示

“山间书香·公益行”作为一项公益信托项目，是一个多方获益共赢的活动。首先，最大的受益者是山区儿童，他们借此“勇敢地拥抱尊严”，并且在与城市的交流沟通中增加见识，了解了“外面的世界”。第二大受益者是城市少年，他们在进入山区的实践中，认识了农村厕所、农村饭菜等，认识到了一个与城市生活不一样的世界。此外，重要的获益者就是长安信托及其广大员工。公司员工了解到了与金融工作不一样的艰辛，也理解了“财富只是生活的一部分”。公司则通过持续不断的捐助教育活动，逐渐扩大品牌知名度和美誉度。而且这种品牌形象提升的方式和途径有着与其他品牌不一样的特点——围绕着公益信托而展开。

1. 不一样的慈善活动。长安信托的“山间书香·公益行”活动最具特色的地方就是其活动方式。与其他公司的慈善活动不同的是，“山间书香·公益行”是一种慈善信托活动。当今世界各国慈善事业的主要载体是慈善基金会和慈善信托，它们的目的都是“慈善性”。通常公司的慈善活动主要以基金会的方式进行，一般涉及两个主体，即捐助主题（公司）和受捐对象。而长安信托的慈善活动则是慈善信托，涉及三方主体：委托人、受托人（长安信托）和受益人。相对而言，公益信托在功能上具有基金会所不具备的优势。

第一，设立成本低。与慈善基金会相比较，公益信托设立极其简便，从资金门槛低、设立方式、财产多样化、受托人类别广等方面均充分体现它对基金会法人的优势。个人或多人以数额不大的资金甚至设备（如救灾帐篷）、不动产、知识产权等都可以书面甚至口头方式设立一个慈善信托。

第二，资金使用没有比例限制，资产与善款可保值增值，有利于可持续发展。我国法律规定，公募基金会每年的公益事业支出不得低于上一年总收入的70%，非公募基金会不得低于上一年基金金额的8%，这就要求基金会特别是非公募基金会不停增补原始基金，以防竭泽而渔。而慈善信托则没有相关的资金使用比例限制，既可实现公益资本的金融增值，让原始基金不断发酵，又可灵活运用增值资金开展公益项目，可以每年只拿收益来作公益支出。

第三，慈善信托能够贯彻捐助人的意志。公益信托属于法定信托，可采用信托合同、信托遗嘱和信托宣言的方式设立或由委托人通过合同或遗嘱设立。委托人可以通过选定受托人来执行自己的意志。在信托成立后，受托人的行为要受到委托人意志的具体化表现即信托目的及其解释基础的约束。但是，对于基金会慈善，捐助人的意志只能依据基金会法人的捐助章程体现。而章程一般在捐助行为前就已经存在，捐助人只是加入而已，换言之，在基金会法人的背景下，捐助人没有类似信托合同的表意基础和解释空间。

公益信托的优势使得该项事业可以持续的进行，从而保证像“山间书香·公益行”项目的不断发展。这在一定程度上也保证公司的品牌认知范围将会不断扩大。同时，公司作为中间人，可以把受益方和委托方联系起来，促进多方参与以及多方受益的局面，从而最大限度地扩大公司的品牌影响力。此外，由于公司传播的主题是信托领域的慈善先锋，一定程度上强化了受众对于公司的品牌认知，提升了公司的品牌美誉度。

2. 不一样的受捐对象。“山间书香·公益行”的捐助对象都是山区贫困学生。这是一个与城市地区完全不一样的社会生存状态，多年来牵动着政府乃至广大社会人士的心。这些学生没有见过高楼大厦，因为他们住的是黑暗潮湿破烂的窑洞；他们没有见过高档的红木家具，因为他们的桌椅都是用砖头垒起来的；他们也不知道纯净水是什么味道，因为他们常年喝的都是山间泉水。有些学生甚至每天要走几公里的山路来上学，小小的肩膀背着的是今天甚至一个星期的饭，其实也就是一点白大米和一点盐巴！教室里没有什么多媒体设备，连粉笔都是那么的奢侈，作业本擦了又写写了又擦。他们都很努力，因为不知道哪一天就可能失学。因为太穷，一个又一个孩子辍学回家，帮父母干那些本不属于他们的农活。

长安信托通过慈善信托的方式捐助这些学生，可以多方面提升公司的品牌形象。一是由于这个群体是一个广受关注的群体，也是许多国人见过或者听说过的，因而对于山区学生的捐助更能引起社会的广泛关注，从而提高公司的品牌认知；二是由于广大山区贫困落后，人们要到达这些地方需要跋山涉水，去一些险要的山路甚至存在生命危险，因而历尽千险万苦到达目的地更能彰显公司的真诚与爱心，从而消除受众心目中公司伪善的忧虑；三是，由于慈善信托牵涉到广大献爱心的社会人士，因而能够更广泛地吸引活动的参与和互动，并且参与者的体验活动也更为深刻。一方面是山区学生对于城市社会的体验，另一方面则是都市人们对于山区状况的体验，从而促进了不同地区、不同社会层次的人员沟通和交流，促进社会的理解与共识，也就更加增进对于公司的情感依恋。

3. 不一样的宣传。纵观长安信托的品牌传播，并没有像其他公司那样进行大规模的宣传推广活动，而是为数不多的报道和软文推广。这是因为“山间书香·公益行”活动作为公司的招牌公益活动，已经成为公司的惯例。从某种意义上说，惯例也是一种宣传。当公司的活动成为一个惯例的时候，也就类似于某种仪式活动，必将成为一种信仰，而这种信仰的力量更能引起参与者的共鸣及忠诚心理。

“山间书香·公益行”活动通过定期举办及回访活动，逐渐在参与者的心里种植了这样一种信仰，即长安信托是一个充满爱心的公司，长安信托是一个值得信任的公司。对于一个以信托为经营宗旨的公司而言，没有比这更重要的顾客响应了。

广发证券
“青春助力”品牌公益行动

赠人玫瑰，手有余香。企业花费人力、物力、财力去做公益，是为“舍”，而通过公益展示的社会责任感又会拉近社会公众与企业的情感距离，从而提升消费者的品牌偏好度，对企业来说亦是“得”。公益行为通过适当有效的宣传，引起媒体、社会团体和消费者的兴趣与关注，不仅可以提高企业的知名度、美誉度，也可以让更多人关注和参与公益事业，对公益对象以及整个社会来说也是多赢的行为。“青春助力”是广发证券的一项公益助学项目，也是公益品牌打造的一个生动案例，我们不妨来看看他们是如何一步步实现这一过程的。

第一节 公益品牌建设

一、企业公益带来品牌信任

品牌不是别致的名称、高大上的广告、高格调的LOGO，品牌是客户意识中对企业及其产品服务的联想。也就是说，对品牌来说，客户感知是最重要的。

《品牌三部曲2：创建强势品牌》指出，企业因为社会贡献而赢得尊敬，而这种尊敬会使人们喜欢这家企业。人们很少会反对自己喜欢的人，同样，一个品牌如同你喜欢的人，也存在同样的趋势——一个你喜欢的品牌传递的信息，很容易被你接受，而你不喜欢的品牌提出的主张则会遭到你怀疑。企业公益行为会从吸引力和可靠性两个方面增强企业信誉，而对企业的信任感会转化为对企业产品服务的信任。信任因此通常会成为企业品牌核心形象的一部分，并为企业与其客户之间的联系提供强大的基础。

企业公益和品牌建设应该是相辅相成、互相促进的，恰当的品牌宣传和企业公益会使社会、企业共赢，发挥更大的社会价值。“做好事不留名”的企业公益，在某种程度上来说是对企业宣传资源的浪费；而缺乏人性关怀的陈光标式“暴力慈善”则走向另一个极端，把公益变成“闹剧”，知名度是上去了，给美誉度带来的总体影响是正面还是负面却有待评估。

企业品牌形象的提升有助于企业进一步发展壮大，企业发展壮大又提升了企业开展公益的能力和积极性，这是一个良性的循环：企业开展公益行为 ⟶ 为公众创造利益 ⟶ 企业赢得公众认可 ⟶ 更多客户购买企业产品或服务 ⟶ 企业发展壮大 ⟶ 企业有能力、有意愿开展更多公益行为。比如在2008年汶川大地震期间，加多宝捐款1亿元使得王老吉品牌一夜成名，王老吉加多宝在极短的时间引爆网络、深入人心，加多宝网站第一时间被刷爆，“王老吉”百度搜索指数从日均300猛增至9400以上，“加多宝”

搜索量直接从 0 增至 50,000 以上，媒体关注度增加 200%。口碑效应、网络效应带来了销售额的翻番，2007 年加多宝企业销售额约 50 亿元，而 2008 年达到 150 亿元。多赢的结果也使得加多宝在后续的青海玉树地震、雅安地震继续给出巨额捐款。

二、品牌建设的两个要素

品牌建设需要满足两个要求。一是有一定的连续性，品牌曝光是为了加深品牌在消费者心目中的印象，从而引导他们的消费意识，所以品牌与消费者的沟通往往要用同一个声音，并且持续不断地向消费者传播；二是要有一定的创新性，品牌的延伸往往是一个不断创新的过程，对于创业型企业可能更要求创造性。一个有品牌影响力的活动，必须不断地推进下去。同时，这些活动要顺应社会技术条件的变化而不断推陈出新。这类活动最有影响力的首推天猫的双十一。自 2009 年以来，天猫已连续举办了 8 届双十一活动。

图 1　2016 年天猫双十一销售总额

事件营销无疑是品牌建设的助推器。所谓事件营销，是企业通过策划、组织和利用具有名人效应、新闻价值以及社会影响的人物或事件，引起媒体、社会团体和消费者的兴趣与关注，以求提高企业或产品的知名度、美誉度，树立良好品牌形象，并最终促成产品或服务的销售目的的手段和方式。事件营销集新闻效应、广告效应、公共关系、形象传播、客户关系于一体，为新产品推介、品牌展示创造机会，便于建立品牌识别和品牌定位。

网络媒体的兴起给事件营销的迅速发展带来了巨大契机。一方面传播的速度加快，现如今地球上任何地方发生的事情都可能瞬间传播到其他地方；另一方面传播的互动性加强，新闻受众可以通过移动设备参与到相关的活动当中来。因而越来越多的企业开始谋划事件营销活动。

通过网络，一个事件或者一个话题可以更轻松地进行传播，引起关注。同时，企业的事件营销本身往往又形成了品牌活动，从而与企业品牌一起相辅相成，推动企业的品牌形象提升。

三、企业公益品牌如何建设

公益行为本身是一个事件，如何将一项公益行为打造为一个品牌呢？同样离不开持续性和创新性。

就公益品牌建设而言，有的企业尝试寻找公益与业务的契合点，通过创新的方式吸引客户共同参与，比如矿泉水公司“只卖半瓶水”行动——Life Water 公司将一瓶矿水泉一分为二，一半留给消费者，一半由消费者赠给缺水地区——同样的价格，却只售出一半容量的矿泉水，消费者购买的同时即体现了帮助缺水地区的善举，简单直接，具有高度的参与性和积极性。而有的企业选择社会重点关注的公益项目以赢得客户的关注和认同，比如安利在中国就选择“儿童、环保、健康”三大主题进行公益传播。

那么，“青春助力”既没有涉及广发证券的主营业务，又不是社会公众关注的重点项目，且没有大手笔的宣传推广费用，是如何在众多公益品牌活动中脱颖而出的呢？

第二节 “青春助力”项目背景

“青春助力”是广东省广发证券社会公益基金会在助学兴教领域的项目之一。广东省广发证券社会公益基金会成立于2011年2月，由广发证券联合旗下广发基金、广发信德、广发期货三家子公司共同出资，以“发扬广发爱心，关注民生，热心公益，扶贫济困，助学兴教，保护环境，推动构建和谐社会，促进可持续发展”为宗旨，努力为社会文明发展贡献自己的一份力量。广发证券不仅每年从利润中拿出固定比例补充公益基金，还投入大量的人力物力，聚焦扶贫济困、助学兴教两大领域，持续创造价值，践行社会责任。

在长期助学助教过程中，广发证券发现有一类较不受社会关注的弱势群体——职业技术类院校的贫困生。广东省内的职业技术类院校众多，为国家和社会培养了大量急需的技术类人才，但是生源大多来自广东省内较为偏远、贫困的地区，而且由于学校知名度不高，很少受到社会各界和公益组织的关注。在助学的资助体系中，学费有助学贷款，生活费有国家补贴，但住宿费是没有任何资助的，这恰恰成为贫困新生入学的“拦路虎”。

为此，广发证券于2011年联合广东省直团工委共同发起成立了“青春助力”贫困生关爱计划，致力于解决广东省内大中专院校贫困生的住宿难题，引导社会力量关注职业技术类院校青年学子的成长，填补了目前社会助学在捐助对象和捐助项目上的两项空白。“青春助力”项目开展6年来，广发证券社会公益基金会累计帮助30余所省直大中专院校超过4600名学生解决了住宿问题。

广聚爱，发于心，为了鼓励更多人参与公益行业，从2013年开始，“青春助力”通过持续创新的传播方式得到更多人的支持和关注，也成功赢得了社会反响和品牌效应。

第三节 “青春助力”品牌建设

公益其实很好玩。6年来我们通过不同的形式，让公益项目得到更多人的关注与支持，从2013年的公益微视频大赛，到2014年点亮爱心游戏。2015年，我们发起了全民性的公益互动——“奔跑吧，青春”，每奔跑5公里就可以为贫困学生捐赠1天的住宿费。大家既锻炼了身体，也做了公益，我身边很多朋友都参与了进来。

——广发证券外籍员工 Luke Dimopoulos

一、2013年“梦想加分”

2013年正是微博火热的一年，广发证券在官方微博发起了“青春助力梦想加分”公益微视频大赛，活动以一个真实的人物作为故事核心——来自山区的贫寒学子阿伟在广发证券“青春助力”公益项目的帮助下顺利升入大学，广发证券给了他追逐梦想的门票，接下来，他将怎样去实现梦想呢？他的人生会有怎样的改变和转机呢？

图2 “青春助力 梦想加分”宣传广告

活动邀请广大网友续写剧情，并招募相关演员，在网络上引起相当多的关注，众多网友踊跃参与。在网友续写的一大批优秀的剧本中，广发证券选择了3个剧本拍成前后连贯的微电影，受到了社会各界的广泛关注和一致好评。

这种方式，让众多网友自觉带入受助人群角色，获得了立体的参与感。也正是通过类似活动的开展，使得当年广发证券官方微博粉丝量突破63万，居业内第一，专业运营得到主流媒体的止面报道。

二、2014年"点亮爱心"

2014年10月，广发证券在2013年微博公益微视频大赛的基础上再度创新，发布了微信"点亮爱心"游戏，参与者只要点亮手机屏幕上的所有爱心，广发证券就为"青春助力"扶贫助学项目捐款，点亮爱心所用的步数越少，广发证券捐款越多。此外，爱心人士还可以参加"1元捐""QQ红钻免费送""亲临捐助仪式现场"等活动。活动甫一发起，即在微信朋友圈引起了强烈反响，仅3天时间，原定100万元的众筹额度即告完成，至活动结束时共有3万多名爱心人士参与了此次活动。

广发证券相关负责人表示，"一边玩游戏，一边做公益"的"点亮爱心"公益众筹活动，借力新媒体平台，将手机、游戏与公益、众筹全新融合，既能传播一种全新的公益理念，也因其形式的创新被寄予厚望，希望能吸引更多人关注贫困大学生的住宿费难题，帮助更多学生顺利走完求学路。公益众筹的善款，每一分都凝聚着广大网友的爱心，可谓真正的"你捐爱心，广发捐钱"，全民做公益。

图3 "点亮爱心"宣传广告

受广发证券创新公益理念感召，10 月 19 日，20 名大学生在广州大学城某商业广场集体“趴街快闪”，路过行人纷纷拍照并上传微博，该事件很快得到了搜狐新闻等媒体的关注报道，后期更是有财经界知名主持人、广东地区知名体育节目主持人等微博名人亲身示范跟进及转发，一度跻身微博热门话题公益类 TOP20，吸引超过 2474 万人次阅读。

据活动组织者王同学介绍，在他的周围，有不少同学贫困到连住宿费都交不起，而住宿费又是一个很少被关注的公益助学领域。正好他从网上了解到广东省直团工委与广发证券社会公益基金会联合发起的“青春助力”扶贫助学活动是针对贫困新生住宿费困难的，因此，他们希望通过“趴街”这种夸张的行为艺术，唤起更多大众的关注及参与。

三、2015 年“奔跑吧，青春！”

2015 年的“青春助力”，内容开始向差异化形象聚焦，年度主题为“奔跑吧，青春！”因为奔跑，象征着人生的快速前行，具有一种让人憧憬的正能量。同时，奔跑也是青春最直接的体现！本次活动主要围绕如何解决“青春助力”所面临的两大问题。

第一个问题是如何吸引更广泛的参与人群。广发证券围绕奔跑的主题，通过不同的演绎带动不同人群的参与，确定通过三个阶段来吸引更广泛的人群参与。首先，起跑发力第一棒，面向大学生群体和游戏人群。9 月，

图 4 “奔跑吧，青春！”宣传广告及活动现场

广发证券首先推出“奔跑吧，青春！”H5 游戏——酷跑加油站，你奔跑，我捐赠。动动手指就能做公益，让做公益成为一个充满乐趣的过程。共有 8061 人参与游戏，游戏开展 80,874 次，累计爱心接力里程 17,563,038 米，捐助贫困学子住宿天数 35,126 天。

其次，助力加油第二棒，发动公司内部热情参与。为了更好的传播活动主题，广发证券拍摄了活动宣传片，这部广发版“阿甘正传”，讲的是一群人为爱奔跑，让贫困学子的下一块“巧克力”变得不同。这个宣传片的特别之处在于广发证券员工的倾情出演——32 名员工历时 3 天一路奔跑。宣传片的创意和广发证券的俊男美女吸引了公司内外的热情关注，五大视频门户网站点击播放量总计 90 万 +。此外，广发证券董事长和众多高层也都积极参与线下活动，带动公司员工积极投身公益。

最后，全力奔跑第三棒，面向更广泛的跑步人群。10 月中旬，广发证券与咕咚 APP 跨界合作，举办“奔跑吧，青春！”公益活动，咕咚用户参与该活动，你奔跑，我捐赠。跑步是近年来热门的一项运动，参与门槛低，积极健康充满正能量，目标群体广。历时一个月，活动参与人数为 29,590 人，累计爱心接力里程 20,7426,819 千米，捐助贫困学子住宿天数为 414,853 天。

图 5 “奔跑吧，青春！”咕咚 APP 及活动现场

第二个问题是如何提升参与感和真实感。广发证券从两个方面推动整个活动。一方面，奔跑里程直接折算贫困学子住宿天数。“奔跑吧，青春”游戏，每奔跑 500 米即可捐赠 1 天住宿费；咕咚“奔跑吧，青春”活动，每奔跑 5 千米即可捐赠 1 天住宿费，全部聚焦捐助项目本身，让参与者获得更加立体的参与感。

另一方面，线下创意奔跑，线上线下充分互动。游戏和咕咚运动都是单独个体的行为，也都是聚焦线上。为了让每个参与者都能亲身体验到活动的真实感和一起做公益的力量，广发证券还发起了一场“青春助力”公益跑的线下活动。10 月 31 日，350 人齐聚广州生物岛，一起做公益，让青春畅快奔跑。

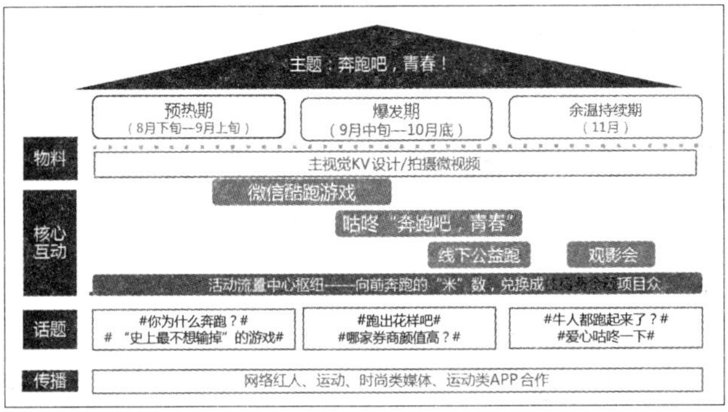

图 6 咕咚“奔跑吧，青春！”活动详情

此次活动极大地扩大了“青春助力”的影响。从微信流量数据看，9 月 18 日晚上，游戏浏览次数及参与人数达峰值。浏览次数（PV）最大值为 24,234，独立访客（UV）最大值为 3,160。从咕咚运动数据看，从 2015 年 10 月 16 日到 31 日，平均每天的浏览次数超过 18,000 次，独立访客超过 16,000 人。

整体传播效果也非常显著。国内有 125 家媒体报道及转载，包括 21CN、《信息时报》、《羊城地铁报》、《大众证券报》、新浪、网易、凤凰网等，发布新闻稿 3 篇，原发报道 54 篇，转载 69 篇，合计传播 123 篇。同时还有 1 家电视台和 1 家电台进行了报道，分别是广东电视台珠江频道和广东电台投资 FM 报道。其他一些新媒体也广泛进行了宣传，有近 2000 次微博转发，超 20 万次微信阅读，其中“这些牛人都跑起来了，你还坐得住吗？”“哪家券商颜值高？看看这部公益片就知道了”得到大 V 转发。近 90 万次视频点播和 58 家媒体 87 人观影。

序号	发布媒体	发布频道	播放量	评论量
1	搜狐	生活频道	17W+	194
2	乐视	热点频道	29W+	208
3	优酷	公益频道	26W+	561
4	爱奇艺	生活频道	16W+	157
5	腾讯	纪录片频道	1.6W+	0
6	土豆	创意频道	1.16W+	60
	总计		90.76W	1180

图 7 “奔跑吧，青春！”各媒体播放量和评论量

四、2016 年“公益超能力”

2015 年以来，广发证券开始关注大学生的素质培养和创业扶持，由过去单纯的“输血”变为“造血”。比如主题为“互联网 + 微创业”的“大学生微创业行动”，就是依托广发证券官方微信广泛征集并择优资助大学生微创业项目的。同时，广发证券还陆续在清华大学、南京大学、武汉大学、浙江大学、中山大学等 10 所名校举办了“大学生微创业大讲堂”，利用自身专业优势为大学生普及投资理财、企业融资知识，分享优秀企业成功商业模式和运营管理模式，助力青年创业者成为未来的上市公司总裁。

2016 年，除了“青春助力”项目提供资金支持，广发证券也开始注重学生的内在精神与体能培养，通过展开“青春助力”素质拓展集训营，鼓励“青春助力”学子锻炼自我和展现自我，让越来越多的优秀学生得到实实在在的帮助，感受到真真切切的温暖。2016 年，总共有 27 所广东省直院校的近 100 名优秀受助学生在集训营的结业。

同时，为了吸引更多的社会力量关注职业技术类院校的青年学生群体，“青春助力”结合广发证券 25 周年庆联合美拍再次推出了“25 秒召唤公益超能力”微视频大赛，并多次组织客户参与“青春助力”公益行捐赠走路里程等一系列参与感强的公益活动，线上线下共吸引了近4万人参与。活动成功邀请国家足球队队长冯潇霆参加“青春助力”系列公益活动，借助球星影响力助推广发公益新形象。

图8 “公益超能力”活动合影

五年共五个主题，让“青春助力”公益品牌形象深入人心。五年间，广发证券陆续获得中国公益节公益品牌形象奖、广东省慈善总会突出贡献奖、中国证券金紫荆最具社会责任感上市公司奖、中国社会责任榜优秀实践奖、证券业年度社会责任卓越贡献企业等众多荣誉，这也表明，公益品牌建设得到了越来越多公众、媒体和社会的认可。

案例启示

公益先行，创意支持，优质的内容加上新颖的传播方式，才能将一个公益项目打造为一个品牌活动，促进企业品牌影响力的提升。广发证券的“青春助力”品牌活动在经过6年左右的发展之后，日趋成熟，成为广发证券重要的公益品牌。总体来说，广发证券的“青春助力”活动以公益为核心，以互动为基础，以技术为纽带，走出了一条独特的发展道路。

1. 以公益为核心。企业通过赞助公益事业，能够获得多方利益相关者的赞赏和支持，为企业品牌的推广创造有利条件。同时，“青春助力”关注了一个非常独特的贫困群体：高职高专的贫困学生。这部分学生在许多慈善捐助活动中往往被人们忽视，而“青春助力”却能以此为突破口，不失为一个巧妙的策略。因为如果赞助一些大家蜂拥而去的事业，企业的活动往往会被一定程度地淡化。恰恰在赞助对象方面，广发证券找到了一个“利基市场”，从而走出了一条独特的慈善之路。

2. 以互动为基础。现在的慈善活动，从过去的单向捐助向互动的方向发展，这样做的一个重要原因就是加深人们对企业的感情。随着社会经济条件的发展，互动已经成为企业营销活动的一个重要方向和特征。让企业的受众参与到企业活动中来，融入到企业的品牌社区，才能建立和强化公众与企业的品牌关系。

3. 以技术为纽带。广发证券每一届的“青春助力”活动，都体现了与技术的同步发展，把新技术引入到“青春助力”活动中去。事实上，新技术和新媒体的应用，不仅仅是加强了企业和公众之间的互动，而且精准地识别了企业的未来客户群，因为最有动力使用新技术的往往是年轻人。企业通过更新活动的联系方式及技术，抓住了年轻人的心，也就能在未来的竞争中赢得主动权。

附：关于广发证券

广发证券成立于1991年，是国内首批综合类证券公司，先后于2010年和2015年分别在深圳证券交易所及香港联合交易所主板上市（股票代码：000776.SZ，1776.HK）。公司被誉为资本市场上的“博士军团”，秉承“知识图强，求实奉献；客户至上，合作共赢”的核心价值观，贯彻执行“稳健经营，持续创新；绩效导向，协同高效”的经营管理理念，在竞争激烈、复杂多变的行业环境中努力开拓、锐意进取，经受住了多次行业重大变化的考验。并以卓越的经营业绩、完善的风险管理及优质的服务成功实现持续稳健发展，多年来是中国资本市场最具影响力的证券公司之一。

公司定位于专注中国优质中小企业及富裕人群，拥有行业领先创新能力的资本市场综合服务商。广发集团提供多元化业务以满足企业、个人（尤其是富裕人群）及机构投资者、金融机构及政府客户的多样化需求。截至2016年12月31日，公司有证券营业部264个，已实现全国31个省市自治区全覆盖。

广发证券总资产、净资产、净资本、营业收入和净利润等多项主要经营指标从1994年起连续多年位居十大券商行列。资本实力及盈利能力在国内证券行业持续领先，总市值居国内上市证券公司前列。

平安人寿客服节

提升顾客满意度平安从未停止

平安人寿客服节（全称平安人寿客户服务节），是平安人寿为客户推出的增值服务，从每年一度发展至贯穿全年，至今已有20多年历史。作为企业口碑累积、品牌建设、客户经营的重要依托，客服节多年来通过各种内容和形式的服务回馈客户与社会，并在2016年“集大成”：不仅活动参与人数创历史新高，还获得二十一世纪传媒颁发的“中国品牌建设案例奖”。如今，客服节已成为平安人寿客户服务的一块金字招牌。

第一节
诞生与演化：历经二十余年，成行业标配

一、保险行业客服节的定义

客服节是保险企业普遍开设的客户增值服务项目，一般维持数月或全年不等，旨在回馈客户、回馈社会。客服节的诞生与发展，反映了保险行业从“产品经营”向“客户经营”转变的行业大背景。

保险产品本质上是一种合同安排，因而极易被模仿，变得同质化。即便做出了差异性，其无形无质的产品形态也较难让客户感知。所以，在“产品经营”层面，险企之间最终难以形成长期、明显的竞争。拼完产品后就只能拼服务，于是各大险企开始从以产品为中心转变为以客户为中心，着力“客户经营”，即为客户提供各种无形的服务，以期提高客户对企业的各项满意度。

最直接的客户经营是从产品出发的，为方便客户了解、购买、使用保险产品而设置、优化的各项服务。以平安人寿为例，其在门店推出的“免等待、免填单、免往返”服务，让客户更舒心地办理各项业务；利用 OCR、人脸识别远程审核及视频通话等服务，让客户不出家门就能在线办理保险业务；医疗直付服务，贴心地让住院客户享受医疗费用先行垫付……这些服务手段均获得良好口碑，收效甚佳。

然而，保险是低频次的消费，这个行业痛点决定了这类服务无法对客户形成足够频密的接触与影响，也无法覆盖客户经营的全部需求。

正如平安集团《2016 年中国金融行业客户体验研究》的发现：诸如咨询、销售、承保、保全、理赔等围绕产品的一系列服务优化，并不是客户满意度提升的高激励因素。

而最大激励因素是“客户关怀”，即撇开了保险业务本身，去满足客

户业务以外的需求的行为，我们也可以称之为增值服务。

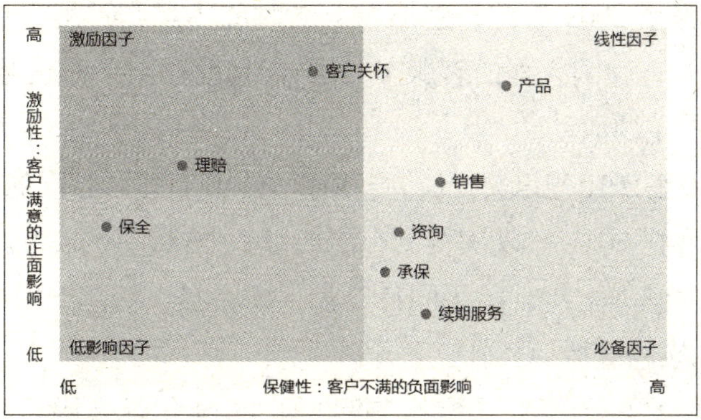

图 1 平安集团《2016 年中国金融行业客户体验研究》发现：客户关怀是客户满意度提升的高激励因素

客户服务节，便是客户关怀增值服务的典型代表。而最早揭开这场“客户关怀”竞争的便是平安人寿。

二、客服节的诞生

1996 年 9 月，平安保险在国内同业中首创“客户服务月”活动。从 9 月 27 日到 10 月 26 日，平安寿险所有二级机构同时开展“百万客户大回访”活动，以书信、电话或亲访形式，向在公司投保的一百多万名客户进行回访，了解客户对公司服务及业务员的满意度。公司还从反馈问卷中抽取 49 名幸运客户，组织了“幸运客户北京金秋三日游”活动。此次客户服务月受到社会各界关注，好评如潮，海外报纸甚至评论“中国保险业进入服务竞争时代”。

此后，各大保险公司陆续效仿并推出了自己的客服节，使客服节逐渐变成行业标配。

较早跟进的是泰康人寿。2001 年，泰康人寿推出“客户嘉年华”活动，通过奖励、竞赛等形式维护客户关系。

中国人保于2009年开启客服节，当时的主题是“盛世中国，人保同行。”2016年，中国人保的客服节分别针对健康险、寿险和财险三个方面推出了相应的主题活动。

阳光保险在2010年以公司成立五周年为契机推出了自己的客户服务节。

太平人寿在2011年以庆祝其在国内复业10周年为契机，推出首届客服节。其以“感恩十年，太平同行”为主题，在全国范围内展开活动，回馈客户10年来的支持。

华夏保险在经历了几届客服节后，于2014年把客服节活动改为一年两次，一次面向儿童，叫作“未来星”；另一次面向老年人，叫作“夕阳红”。2016年举办的“未来星”活动，主要内容是圆梦行动、星光行动、连心行动和创优行动。其中，“圆梦行动”是华夏保险旗下专门致力于扶助贫困儿童的公益项目，通过各地分支机构发动内外勤员工和社会各界爱心人士，组成圆梦志愿队伍，探访全国一些贫困儿童，并为孩子们圆一个小小的梦想。

除了以上这些大型保险公司，一些小型保险公司也不甘落后。例如，福德生命人寿于2007年推出自己的客服节，中国大地保险于2016年推出首届“5·20客户服务节”等。

三、平安人寿客服节的演化

1996年9月，平安保险首次开启“客户服务月”，进行了“百万客户大回访”活动。这是平安人寿第一届客服节，也是保险行业的第一次客服节。

图 2 1996 年“客户服务月”的百万大回访中，49 名幸运客户获得北京三日游奖励

2000 年，5 年历史的“客户服务月”正式升级为“客户服务节”，时间从 1 个月延长到 3 个月，活动内容更加丰富，并首次融入公益元素。一方面，与中国少年报社联合举办旨在提高孩子及家庭环保意识的“我心中的美好家园”全国少儿绘画大赛；另一方面，客服节还掀起“平安捐资护林，建设绿色长城”热潮，即通过全系统员工的自发捐款，在陕西省及延安地区建设 7 个森林病虫害防治检疫站，以唤起社会爱林护林的环保意识。这在国内企业中尚属首家。

图 3 2000 年，客服节在北京举办的环保主题科普宣传活动

2005年，第十届客服节确立“5月开幕、8月闭幕”的固定时间模式。本次客服节主要活动有开幕式“祝福平安”大型客户游园会、“十年感恩大回馈”客户回访活动、全国少儿系列大赛、“知心姐姐”亲子教育演讲报告会、“海滨夏令营”等，内容和形式均更加丰富。

2007年，客服节首次开启少儿主题活动网上报名。为迎接2008年北京奥运，向世界展示健康中国，这届客服节的主题设定为“和谐社区·健康家园”。

2011年，客服节以“爱心飞扬·平安相伴”为主题开展各项活动。本届客服节的少儿家庭类活动报名人数突破65万，并首次利用网络社交平台与网民开展趣味互动。

2013年，客服节升级为网上客服节，打破时间、地点、空间等限制，改变了既往阶段性、纯线下参与体验的模式，这在业内也属首次。本届客服节总报名参与人次突破680万，家庭才艺大赛报名参与人次突破100万，实现历史性飞跃。

图4 2013年客服节，“知心姐姐”专场教育报告会

2014年，客服节继续升级，以“平安有爱、乐健康”为主题，举办了一系列倡导“爱家爱健康”的线上线下活动，同时联合第三方通用积分运营平台“平安万里通”推出服务积分体验模式——客户通过参与网上客服节活动即可获得积分，并可直接在“平安万里通”当钱花兑换礼物。本届客服节总报名参与人次突破1000万，参与人次突破800万。

2015年，客服节以“与平安相伴、与健康同行”为主题，以身心健康、家庭健康为核心，通过“平安心行者”“健康绿行家”两大活动主线展开活动。同时，客服节也全面入驻寿险APP平台，开始利用APP平台的庞大用户量和高频互动优势。

经过20多年的发展和创新，客服节对于平安人寿的意义，逐渐超越了具体的“客户关怀”“增值服务”范畴，触及企业战略这个宏观层面。

第二节
战略与价值：回馈客户与社会的集中体现

一、进入公司战略层面

成立之初，平安集团提出了企业四大责任：对股东负责，资产增值，稳定回报；对员工负责，职涯规划，安居乐业；对客户负责，服务至上，诚信保障；对社会负责，回馈社会，建设国家。

在对客户负责这个层面，平安集团董事长马明哲又提出“极致服务”理念，作为集团旗下众多子公司的客户服务战略指导。

通过多年的发展创新，平安人寿客服节已经成为集团核心子公司平安人寿“极致服务”的重要载体，对平安人寿的品牌建设、客户经营起到了关键作用。

二、辅助企业品牌建设

在信息爆炸时代，品牌建设的难度较以往大大增加。如何脱颖而出，推动品牌影响力持续扩大，成为品牌管理者的丞待解决的问题。平安人寿客服节是一个很好的样本。

如果将品牌建设简单地分为知名度建设和美誉度建设，那么平安人寿客服节主要作用于后者。

在中国，平安人寿可谓是家喻户晓，知名度极高。但保险的非刚需、低频次特点，以及中国保险普及率较低，导致保险公司无论在公众生活中还是在传媒舆论层面“存在感”都比较弱，因而较难通过常规的传播手段来提升美誉度。

平安人寿客服节，一方面通过主动接近客户，“带着客户玩”，发掘了更多向客户展示企业自身优点的机会，美誉度也得到提升。比如，很多客户正是通过客服节，才知道平安人寿一直以来都在通过给乡村校长提供培训等方式推动着中国教育公益事业的发展。

另一方面，客服节的服务主体虽然是客户，但其“野心”却是通过庞大的代理人和客户群体，辐射更多社会公众，提升品牌的影响力，并在此过程中挖掘更多为客户提供综合金融服务的机会。

2016年，平安人寿客服节获得二十一世纪传媒颁发的“中国品牌建设案例奖”，从侧面反映了客服节对于平安人寿品牌建设的巨大贡献。

三、助力企业客户经营

通常认为，保险行业客户经营手段分为两类：一类是围绕产品的客户经营，即为了让客户更好地了解、购买、享受产品而提供的服务，如售前咨询、承保、续期、保全等；另一部分则与业务无关，纯粹是为满足客户的各种潜在需求而提供的服务（客户关怀），平安人寿客服节便是这类客户经营手段的代表。

通过一系列“本分外”的服务，客服节大大提升了企业的NPS值（客户净推荐值，即口碑）。平安集团2016年的一项调研发现：参加过客服节的客户，其 NPS 值要比没参加过的高出 17%！

此外，客服节的各种线上线下活动，都在有意识地引导员工、客户一起参与。这为平安人寿的100万业务员与8000万客户、1亿互联网用户（2017年数据）创造了高频、长期、深度互动的外部环境，将他们连接成一个“企业—员工—客户”生态圈。在这个生态圈内，任何一个有价值者的信息都能以最快速度、最大范围传播出去，这对企业的客户经营起到了不可估量的作用。

图 5 平安人寿的“生态圈”

客户的拥护与集团战略层面的重视，让客服节面临的期望越来越高。如何升级创新，给客户带来更多惊喜，为企业创造更高价值，成了平安人寿 2016 客服节的最大课题。

第三节
创新与突破：集大成的 2016 客服节

一、客服节面临的新形势

2016 年，平安人寿客服节迈入第 21 个年头。在这关键的一年，客服节完成了一次创新和突破。要理解这次变化，先要从客服节面临的新形势说起。

首先，整个平安集团确立了新的战略目标。

	1.0阶段	2.0阶段	3.0阶段
平安集团	从保险公司发展成综合金融集团1.0时代	将地面综合金融服务与互联网金融平台深度耦合的2.0时代	将"互联网+金融"的平台向全行业开放的3.0时代，平台上将提供平安之外的产品和服务
平安人寿	第一个十年，通过保险产品为客户提供保障	第二个十年，通过信用卡、车险、小额信贷、按揭等综合金融服务和产品，让客户获得更多价值	下一个十年，基于生活化场景的"生态圈"经营
平安人寿客服节	线下活动、线下服务	结合了互联网和公益概念，仍以线下为主	

图6 平安集团内部战略的发展

在集团战略目标由2.0升级为3.0的大背景下，平安人寿提出：在下一个十年，要在基于生活化场景的"生态圈"经营上有所建树。

因此，平安人寿客服节也需要一些改变，才能协同、推动这个目标的实现。

比集团战略变化更具深远影响的，是外部环境的变化：经济发展带来的大众消费能力提升，让客户对生活、健康、服务品质有了更高的要求；国民文化素质逐步提高，大众对个人健康和家人健康愈发重视，渴望享受更完善的健康服务体系；高速发展的移动互联网，改变了人们获取信息的渠道、方式，以及人们的生活、工作、交往模式（基于此，平安人寿APP升级更名为"平安金管家"，成为集保险、理财、生活服务多维一体的服务端口，实现了多种服务移动掌上化）；寿险企业的客服节品牌日趋同质化，各大险企的跟进、借鉴冲淡了平安人寿客服节的特色；政府提出的"健康中国"概念，深深影响了企业与大众，大众对"健康"的理解，也渐渐超越了狭隘的"身体健康"。

总结客服节20年历史，分析内外部环境的变化后，平安人寿客服节进行了以下四个方向的思考：一是如何规避保险行业内的服务同质化？二是如何更有效地将客户服务与企业经营战略紧密联系？三是如何顺应时代发展趋势，利用互联网红利升级传统客户服务？四是如何更加贴合当前潜在客户需求，并延伸出更有广泛影响的社会意义？以此为原点，平安人寿客服节在2016年进行了一场全新的突破。

二、2016客服节的全新突破

1. 重新定位

保险企业与客户健康紧密相关，客户越健康，理赔会减少，双方利益一致，因而近些年众险企纷纷涉足“大健康”领域。平安人寿也在2015年推出一套健康管理服务，用户多达几千万人。

其实“健康”的外延可以更大。如果健康管理服务专注的是客户的身体健康，那平安人寿客服节多年来对少儿、家庭的服务，则隐含着对客户“家庭健康”的关注。

因此，平安人寿为2016年客服节做了清晰的定位阐述：以家庭为对象，以健康为根本，帮助客户走进“家庭健康新生活”。

在策略制定上，客服节提出了“三化”：品牌的价值观化、价值的内容化、内容的个人化。

品牌的价值观化：以“家庭健康新生活”为口号，面向社会进行价值观倡导，将客服节与之形成强关联。既明确地说出定位，又与主流社会价值观趋于一致，利于口碑传播，且具有广泛而深远的社会意义。

价值的内容化：以安全、陪伴、欢乐三个方面来统领客服节的项目规划与传播内容。从家庭生活的现实出发，帮助客户解决家庭问题。这是从基础上避免业内的服务同质化，形成平安人寿客服节特色的方法。

内容的个人化：从母亲、父亲、孩子三大家庭成员角度出发，强化内容的情感触点；同时，将客服节作为业务员经营个人客户圈的工具之一，让内容更便于业务员进行客户维系。

2. 全新的项目规划

基于以上的定位和策略，平安人寿对 2016 年客服节做了全新的项目规划。整个客服节由三大项目组成：以孩子角度为主，提倡少儿安全的“平安行”；以爸爸角度为主，倡导亲子陪伴的“绿行家”；以妈妈角度为主，专注家庭欢乐的“欢乐秀”。

这三大项目角度各异、相辅相成，共同演绎“家庭健康新生活”的内涵。

图 7　2016 客服节三大项目规划示意图

平安行：少儿安全是家庭健康生活的基础。平安行聚焦少年儿童，在持续进行了 14 年的“中国少年儿童平安行动”基础上，与全国少工委等权威机构合作，围绕“少儿安全自护教育”展开各项活动。比如组织开展安全测试、发起平安志愿者进校园社区等线上线下活动，促使家长更加重视对子女的安全自护教育，提升少年儿童的安全自护意识和能力。

绿行家：陪伴是家庭健康生活的催化剂。绿行家聚焦于家长（尤其爸爸），提倡更多时间、更高质量的亲子陪伴。比如绿行家提出的“八八公约”

（号召爸爸利用 80% 的业余时间陪伴家人，其中 80% 的时间带孩子走向户外）。重点围绕“科学、见识、审美、视野、情怀”五大价值观，提供各类亲子资讯、主题户外出行攻略、达人视频课堂，年度更与幕天公益举办“成长礼”系列公益捐书活动。

图 8 绿行家组织的亲子户外活动

欢乐秀：欢乐有爱是家庭健康新生活的成果。欢乐秀聚焦于整个家庭，提倡欢乐分享、爱心传递，提供圆梦舞台，让一家人在一起秀才艺秀欢乐。如欢乐秀联合“大病医保公益基金”及众明星发起的“橙心众筹”公益活动，通过覆盖全国的“欢乐家庭秀”“街头公益挑战”，传递健康生活理念，同时呼吁社会大众关注乡村孩子的身心健康。活动为 2 万名乡村孩子带来了 100 万元的大病医保公益基金捐赠。这种体验式公益让家庭收获有意义

图 9 欢乐秀活动现场

的共同经历，颇受客户好评。

为了配合项目活动内容的升级，客服节在平安金管家 APP 上的客服节功能模块规划上也做了许多改进。比如，设计全新互动产品，优化客户体验，提高互动频率，保留原有的“活动版块”入口外，还增设“健康版块”入口；由过去各子项目分散产品布局，统一整合到“2016 客服节”产品版块下；全新改版客服节产品内容的布局和功能点。

图 10　2016 客服节的线上活动主页

2016 客服节线上模块的改版，透露着客服节的三个“野心”：一是创造 24 小时、永不落幕的线上新体验；二是实现线上为主、线下为辅的 O2O 模式；三是打造移动互联时代高频互动的掌上客服节。

这意味着，移动互联网将彻底成为客服节的主战场，线上线下构成一个闭环生态。一方面，这让客户更加方便地触达客服节的各项服务；另一方面，这使得客服节能覆盖更大规模的客户群体，甚至拥有社会级的广泛影响力。

3. 四大年度活动

如果说，“家庭健康新生活”理念是2016客服节的“种子”，平安行、绿行家、欢乐秀是2016客服节的“树干”，那么以下四个年度活动或服务便是这棵“大树”开出的“花朵”。

传播“少儿安全”意识的《危险躲躲闪》：2016年暑期前，客服节推出原创少儿安全歌曲《危险躲躲闪》。歌曲将少儿日常容易接触到的安全隐患，以一个个好玩有趣的歌曲场景和简单易记的歌词呈现，配合轻松愉快的音乐，形成符合少儿趣味的儿歌，传递客服节“少儿自护教育”的理念，呼吁客户家庭关注少儿安全问题。其一经发布，便登上了微博音乐人新歌榜单第五位、亚洲新歌榜第六位。

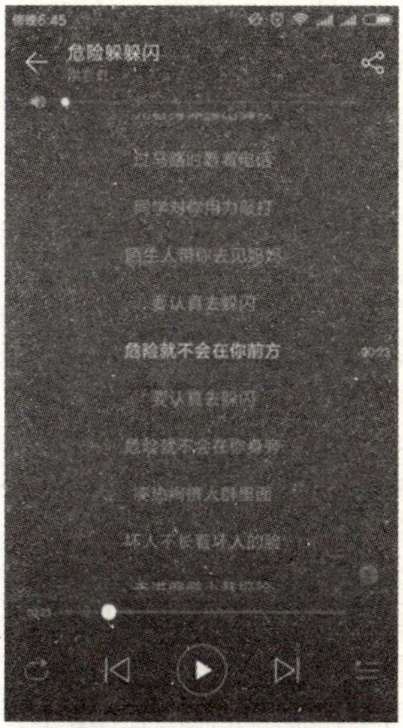

图11 歌曲《危险躲躲闪》

践行“家庭欢乐”理念的“橙心众筹”：2016 年 7 月，欢乐秀发起“橙心众筹”公益行动，号召客户家庭通过上台表演的形式募集“橙色爱心”，为乡村孩子赢得了大病医疗保障。这场体验式公益不仅实现了目标——为 2 万名乡村孩子带来了最高达 20 万元的大病医疗保障，还为客户家庭提供了“一起做一件有意义的事”的绝佳舞台。

图 12　欢乐秀橙心众筹，明星刘璇与参与家庭

呼吁“家庭陪伴”的团聚白皮书：2016 年 8 月，客服节联合第三方调研机构于全国范围内发起“中国家庭团聚质量”调研。调研覆盖全国 31 个省份，共8万余名受访者参与。9 月，客服节根据调研结果，推出全国首份《中国家庭团聚质量白皮书》。在白皮书中，客服节联合专业调查机构与社会

图 13　2016 客服节推出的《中国家庭团聚质量白皮书》

学家、资深媒体人等，就如何达成高质量的家庭团聚议题，给大众专业性的建议与指引。

探讨"亲子陪伴""家庭健康"的《少年读书说》直播：2016年11月，客服节邀请平安人寿董事长丁当、著名青年作家刘同、先锋派小说家马原、语文教育学者叶开、著名少儿节目主持人强子，进行了一场关于家庭、亲子、教育话题的《少年读书说》直播。

直播中，客服节找到了"阅读"这个全新的角度去审视家庭健康，并在嘉宾的思想交锋中，向广大家庭贡献了"阅读促进家庭健康"的方法，获得许多媒体、专家的好评。最终，直播创造了超460万的累计观看人数、超290万条互动热议评论，创全网直播平台访谈类内容的多项历史纪录。可谓2016客服节的完美收官。

图14 《少年读书说》直播，平安人寿董事长丁当亲自出席

这一系列活动，以各种形式、从各个角度诠释了2016客服节"家庭健康新生活"的理念。它们与"平安行""绿行家""欢乐秀"三大主体项目相配合，使得2016客服节全年的内容达到"骨肉丰满"的程度。

三、2016客服节的成绩

"家庭健康新生活"的全新理念，"平安行""绿行家""欢乐秀"

三大全新项目，加上围绕其发起的四次大型活动，使得平安人寿 2016 客服节取得了突破性的成绩。

2015 客服节全年参与人数约为 1313 万人，而 2016 年，仅前 9 个月，平安人寿客服节活动总人数便已超 2400 万，互动次数达 1.8 亿次，创历史新高。

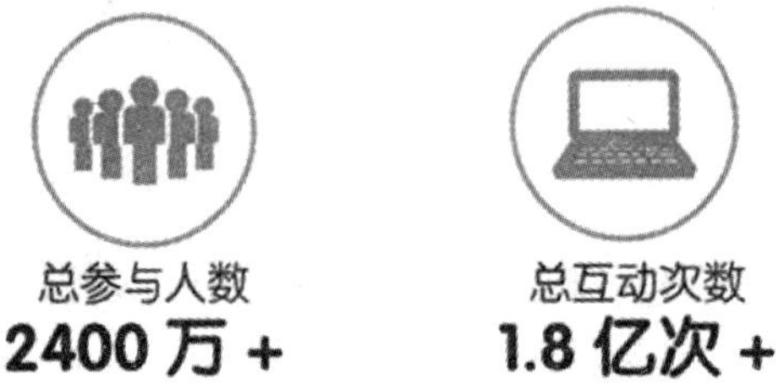

图 15　2016 客服节数据（截至 2016 年 9 月）

同时，2016 年平安人寿的 NPS 值达 21%，较 2015 年提升了 5%。可见，2016 客服节的创新和突破，极大地推动了平安人寿业务层面的发展。

案例启示

从创始到“大成”，平安人寿客服节走过了 21 年。从中我们隐约窥见其成功的秘诀：不变与求变。

所谓不变，是对客户家庭需求持续不变的关注。这建立在企业对其客户充分了解的基础上，作为一家顶尖保险企业，做到这一点并不难。

所谓求变，是随着时代发展，在服务内容和形式上的不断升级改变。

这也许就是平安人寿客服节在业内持续领先的原因。

比如从最早几届的少儿绘画书法大赛，到2016年的“平安行”“绿行家”“欢乐秀”，这是单一内容向体系化内容的升级改变。从以线下活动为主，到移动互联网时代“永不落幕的掌上客服节”，这是紧跟科技发展的形式上的升级改变。

而2016客服节，则找到了“家庭健康新生活”这个融合客服节传统与客户最新需求的“最大公约数”，将平安人寿客服节多年来内容、形式上的升级改变和谐统一起来，打造出一届里程碑式的客服节。

橙e网

做互联网时代的新金融，助力中小企业转型升级

根据艾瑞统计数据显示，2013年中国电子商务市场交易规模9.9万亿元，其中网络购物占18.6%，企业B2B占77.9%。到2016年，上述三组数据分别是20.2万亿元、23.3%和72.1%。虽然2016年中国电子商务市场交易规模中企业B2B占比略有下降，但交易规模增长了近一倍。目前国内中小企业电子商务转型升级热情高涨，可以预见，未来中小企业电子商务的发展仍然具有很大空间。平安银行通过深刻洞察产业、互联网与金融的融合发展趋势，于2012年开始规划公司业务的互联网升级平台——橙e网，探索“供应链金融+互联网金融”的融合发展路径。

第一节 橙e网的定位

一、橙e网的定位

橙e网于2014年7月9日正式上线，基于客户日益增长的在线商务需求，提供与之相匹配的在线支付、在线融资、在线增信/见证、在线理财增值和账户管理等一站式服务。同时，橙e网还以“跳出银行办银行”的魄力，开发“平安管家”“平安易宝”等产品服务，以免费的SaaS云服务方式，支持中小企业快速实现交易、物流的电商化，为中小企业提供在线“订单—运单—收单”的交易闭环服务。橙e网超前的设计与强大的平台功能，经过国家多部委信息化专家专门会议的评审，得到了中央网信办、国家工信部、商务部、银监会等部委的高度认可，被工信部信息化推进司、中小企业司确立为“国家中小企业电子商务与互联网金融协同创新的重要示范平台”，助力中小企业转型升级。

二、橙e网的行业背景

橙e网的推出，是金融行业发生迅速变革的时代要求。随着互联网的发展和移动互联网时代的到来，金融行业正面临着一场巨大的变革。在互联网金融异常火爆的2013年，余额宝汇聚了民间碎片化的财富，将传统金融机构无暇关注的零碎资金汇聚在一起，让一支被全球同行仰视的货币基金拔地而起。随后，腾讯、百度等互联网巨头纷纷介入金融领域，微信红包趁势而起，百度钱包也不甘落后，而如雨后春笋般涌现的P2P和众筹网站同样极力扩张，野蛮生长。

互联网与金融的融合发展，使得互联网金融快速崛起，并将继续进行行业细分和模式创新，诸如O2O金融服务、产融结合等领域的蓝海价值将会显现。互联网金融产业整体规模将持续走高，并不断涌现新业态和新商业模式，推动互联网金融走向应用和服务深化的发展新阶段。

想要在这片充满无限可能的领域取得成功，无论是互联网新贵，还是传统金融机构，都需要具备互联网思维，选择最适合自己的商业模式，合理组织金融服务的价值链。金融产品和服务从开始设计到最后到达客户，需要经历基础设施、平台、渠道、介质及场景等诸多环节，而金融市场竞争的关键则在于有效把控价值链上的核心环节，充分利用自身所拥有的资源和能力，在互联网金融动态、多维的生态系统中选择合理的交易主体，设计合理的交易客体和标的，并充分利用互联网大数据合理定价，进而设计出便捷、合理、风险可控的交易结构，从而在互联网金融的竞争中占得先机。

互联网金融是互联网技术革命与金融创新共舞下的深刻商业变革。互联网技术指的是新支付技术、云计算、社交网络、大数据、移动技术、搜索引擎等，传统金融业务则包括资金融通、信息中介、资产证券化等。在互联网技术下，这些金融业务会出现新的形态和创新的商业模式，比如P2P、第三方理财、移动支付等，涌现出一系列的金融创新。对金融体系而言，互联网金融是新经济下的新金融，对传统金融的改造和革新更多来自于业务创新、模式创新、价值创新。

日常消费场景的改变，智能手机和4G网络的普及逐步实现人类线上线下O2O生活的融合；信息数据24小时获取，连通人们以往下线后无法跟踪的行为断层；多样化的线上线下行为使数据能更好地描绘出不同主体的真实肖像。而这些改变都在推动着整个金融体系的革命，因为金融与各行各业不同经济主体的经济活动紧密相连，当金融行业的参与者、参与内容、参与方式都发生改变时，金融必然要发生改变。

进入移动互联网时代，传统金融行业的价值空间、交易成本、驱动力、结构形态等都有可能产生突变。

第一，价值空间空前提升。价值空间提升主要包括两个方面。首先，在用户规模和交易数量上，由于长尾（帕累托分布）市场的消费金融、大众理财、小微贷款的需求被激发，创造出许多以往没有的、小额巨量的金融交易。比如，余额宝唤醒了普罗大众的理财意识，只需将支付宝上的资金余额购买货币基金，即可享受高于银行存款利息的理财收益，而不必准备5万元以上的存款到银行柜台签署多份理财协议，如此小的金额还可以随时调用，理财、消费两不误。还有，P2P和众筹的发展，使长尾市场便捷、小额地出借高息资金对自己的资产进行差异化配置成为可能。随着长尾市场金融品种的增多，各种为普通大众服务的第三方理财APP也相应推出，比如随手记、银率网、中民保险网都在长尾市场帮助客户进行产品筛选和资产配置。其次，在效率上，移动互联时代现实与虚拟世界的真正融合创造出更高频次的交易，提升了交易效率。以往的线下网点受到银联POS机的数量约束；用户拥有多张银行卡，容易忘记密码，或者卡内余额不够，导致很多交易无法完成；同时，POS刷卡手续费让许多商家仍愿意接受现金，接受现金便会产生验钞、清点、找零钱的时间损耗，造成许多交易频次被削减。而在移动互联时代，商家或者个人只需要一个APP，第三方支付账号只需二维扫码一个步骤即可完成支付全过程，免去所有手续费、装机费、设备维护成本，减少了现金或者银行卡交易的多种时间浪费，降低了长作业流程的人工干预风险，提升了交易效率。

第二，交易成本下降。交易成本下降除了得益于技术进步带来的支付方式便捷化——节约了各种交易过程的显性成本，同时还得益于多网融合加速——违约逃逸成本增加，降低了违约失信所带来的隐性成本，而这种成本正是约束中国金融高效运作的深层次原因。违约成本的增加主要是由于政府、商界、民间都意识到只有将信息孤岛链接起来才能对那些交易不诚信的主体进行惩罚，也只有当不诚信之举有了便捷、低成本的跟踪技术渠道，才能回到金融的信用本质，实现整体交易成本的下降。互联网技术的进步不仅让交易过程和交易体验在人性化方面得到大大的提升，同时，在交易过程中记录下了人们线上线下交易行为的数据，使得现实世界与虚拟世界不再泾渭分明，每个人都更真实地被数据监测、跟踪并还原其最真实的整体肖像。

第三，行业商业模式驱动力改变。过去由于技术成本限制，长尾市场服务受到限制，长尾群体的长期金融需求被压抑，互联网金融的介入使长尾市场得到解放并迅猛发展，金融服务由20%高净值的高端市场走向普惠金融。而由于高额的交易成本，国内金融市场难以顾及小额长尾投融资方。据统计，对于多数商业银行，当单笔贷款小于一定额度和期限时，银行信贷审查成本是要高于贷款收益的。由于居高不下的人力和渠道成本约束，银行所覆盖的客户群体较小，无法满足广大的中低端客户需求。传统金融机构的网点都是围绕优质客户群体展开的，市中心布局私人银行服务网点，中央居住区布局贵宾客户和理财客户服务网点，但这些金融服务很难真正惠及普通大众家庭，刚入职的白领、学生以及三四线城市中低收入居民和广大农村居民很难享受到金融服务。低廉的移动技术交易成本，日益改进的用户交易体验，足够大的长尾空白市场，形成一股新的驱动力，改变着整个传统金融的商业模式。在新的互联网金融模式里面，金融体系的盈利不再单一依靠融资利息收入，与此同时，金融机构还会付给资金投资者更高、更有吸引力的利息成本。因此，其盈利驱动力不再来自息差，而是来自其他附加价值的盈利。而对不同附加价值驱动力的设计，就构成了不同的新商业物种。

第四，商业模式管道形态改变。价值空间提升、交易成本下降、商业模式驱动力改变的综合结果，就是出现了独立于传统金融机构的、纯中介的、不承担风险的去中心化金融撮合平台，如P2P、众筹等。简单来讲，金融业态可以分为投资端、融资端以及中间各个金融主体提供的金融产品三大版块。融资端是拉动整个金融行业创新的动力。随着时代的发展，融资端衍生出新的需求，为满足客户需求，金融行业必须进行创新，从而拉动投资端。如果把所有的金融产品比喻成连通投融资端的管道，那么金融机构则是管道铺设者，投资资金相当于管道里的水，由于投资者不同的风险偏好以及不同的风险承受能力，进入市场时就带上了不同的标签，相当于液态分层。这就决定了投资者的资金会进入不同的管道，而管道的另一端接通的是融资端，融资端不同的融资需求决定了资金的收益和风险。可以将融资端比喻成一片“农田”，不同层次的资金灌溉不一样的农作物，而农作物的类型自然就决定该笔资金可以获得的收益以及需要承担的风险。这种“资金池”模式的固有问题就是金融机构成为中心节点，大部分风险需要自己来调查、审核、承担，尤其在金融市场仍处于初级阶段的中国，“刚性兑付”“政府兜底”是许多大众投资者根深蒂固的风险理念，这也是许多高风险高收益的金融理财产品无法拆开为小份在大众层销售的原因。

橙e网的推出，是中国经济全面去产能、去库存、买方市场主导的发展态势和“互联网+实体经济”趋势的时代要求。在中国新经济形势下，供应链金融的服务需求发生了新的变化，要求供应链金融服务机构必须具备“供给侧驱动”的全新能力，直面以下几个新挑战。

挑战之一，是产业形态调整对供应链金融市场的挑战。在经济新常态下，主要产业“去库存、去产能”，终端市场有效需求萎缩，供应链金融面临大量中小企业经营难以为继的信用风险，传统货押业务面临押品处置变现困难的市场风险，亟待进行商业模式的再造与创新。

挑战之二，是“互联网+”供应链变革对供应链金融服务能力的挑战。“互联网+”供应链组建电商平台直销对接终端用户，大量中间商被挤出市场。这就面临过往由中间商通过当地银行贷款为供应链“输血”，现在随着中间商退出而导致“缺血”的风险。

挑战之三，是跨界融合创新对供应链金融风险的挑战。“互联网+供应链金融”被认为是互联网金融实践中最创新的领域，也是资本最看好、跨界抢滩者众、创新模式多、风险积聚也较多的领域之一。众多市场新进入者对于供应链金融风险的识别、流程的控制、业务合规运营的设计等是否行之有效，仍等待跨越经济周期的时间考验。

近年来，“互联网 + 供应链金融”迎来了更多参与者，更多金融主体，更多核心企业，更多物流、互联网公司、供应链服务公司、第三方平台纷至沓来。这些市场新进入者，都在集中抢占“商流”场景入口，以期叠加其他功能与增值服务。

因此，“供应链电商”成为“互联网 + 供应链金融”发展的必争之地和第一入口。

供应链电商是基于互联网技术，继承与变革供应链线下“熟客交易”的一类特殊的 B2B 或 B2C 电商平台，是传统产业互联网化融合发展过程中，核心企业与外界合作伙伴“供—产—销”协同活动的主要载体。供应链电商的“熟客交易”特征，与淘宝或电子交易市场等“陌生交易”的显著区别在于，前者可以继承既往的线下交易规则，以线下业务迁移到线上为主，同时扩展新产品和新客户；后者则需要第三方居间“担保支付”来撮合交易，拓展新客户。显然，供应链电商是典型的供应链商务活动信息化的过程，同时也打开了内外拓展的空间：对内，供应链电商平台可以打通 ERP 等管理系统和智能制造等生产系统，实现内部的工作流、信息流的集成创新；对外，可以将其沉淀的行业服务能力社会化，服务于同类供应链的商务电子化，晋升为行业交易的主入口。

三、橙 e 网的市场机会与挑战

互联网的兴起及介入金融领域，给金融企业带来了巨大的机会和挑战，从外部和内部两方共同影响平安银行的战略发展。从外部来讲，互联网给整个金融领域创造新空间的同时，互联网企业也在抢夺银行的领地。一方面，互联网为金融创造无限可能。以互联网为代表的信息技术，尤其是移动互联网的出现，打通了时间、空间、人际间三个维度，加速了人类经济、生活方式的重构，使得各行业更快地向“荷塘效应”临界点靠近，开启这个时代的颠覆模式：工业革命所缔造并维系了上百年的现代文明和市场秩序，正在被信息化的互联网革命渐次解构与重塑。过去20年的互联网企业，以消费为主线，迅速渗透人们生活的各个领域，智能终端成为人们的“器官”，融入工作、生活、消费、娱乐、休闲。在传统产业的互联网化方面，企业经营、销售、服务的O2O转型以及交易的电商化方兴未艾。特别是近年来移动互联网的普及，极大延伸了金融业服务网点的虚拟空间，过去传统网点无法到达的“天涯海角”变得“近在咫尺”，过去无法到达的低净值“长尾”客群，也成了服务对象。互联网对金融行业的颠覆转瞬而至。

另一方面，互联网企业对传统银行带来了巨大的挑战。目前，互联网企业正在不断向金融领域渗透，其往往选择银行没有服务到的领域或者不敢也不想自我颠覆的领域提供服务，全面介入支付、资产、负债、投资理财，对银行产生冲击。比如，第三方支付通过商务活动中的居间见证，解决陌生交易的信息不对称；让借贷双方在网络上自行达成借贷交易的P2P模式以及电商平台依据大数据推出的网络贷款，挤压了银行资产业务；互联网与货币基金销售相结合的各种“宝”理财产品，降低了投资门槛，且拥有活期存款一样的流动性，冲击着银行负债及投资理财业务；而利用互联网传播特性的众筹融资，让小企业或个人对公众展示创意，争取资金支持，直接替代了证券IPO及银行债券承销业务。虽然目前互联网金融仅能提供标准化程度高的产品，但互联网企业以流量、客户为中心的理念，确实让个人和小企业享受到了实惠。而迅猛发展的业务背后，互联网企业也享受着比银行业更宽松的不对称监管政策。在互联网的冲击以及不对称监管政策的影响之下，传统金融业的商业模式和服务手段正在被颠覆，实体经济的转型对包括中国银行业在内的金融业提出更高要求，而互联网企业跨界经营也必将加剧银行业市场竞争。

内部来讲，橙 e 网的实施是为了应对企业内部的战略需要。第一是“做互联网时代的新金融”的战略需要。互联网时代背景下，平安银行一直在积极研究、主动顺应，思考用互联网思维改造现有经营方式，支持实体经济发展，践行普惠金融理念。为了把握住互联网时代的良好机遇，推动自身转型升级，打造独特的优势，平安银行确定了“做互联网时代的新金融”的战略。为此，平安银行专门设立了网络金融事业部，并升级推出了“供应链金融 + 互联网金融”整合服务平台——橙 e 网平台，进一步支持实体经济发展，服务产业转型。

第二是抢占线上供应链金融先机，助力中小企业互联网转型升级。平安银行作为国内业内最早提出并践行供应链金融的银行，在供应链金融领域深耕不辍，以创新的理念和服务模式，持续服务于实体经济，尤其是实体经济中的中小企业。而目前国内中小企业转型电子商务的路径要么初始投入大，要么持续运维成本高，多数中小企业知难而退。对中小企业来说，以个体的力量进行电子商务转型面临“不转型电子商务是等死”“转型电子商务是找死”的两难困境，中小企业迫切需要一条更轻盈、更快捷、更低成本的转型路径。而橙 e 网推出的中小企业电子商务云平台免费服务——“平安管家”，让中小企业的商务活动能够以最快速度、零成本地实现企业商务流程电子化，轻松实现互联网转型。

第三是银行智慧经营、差异化竞争的需要。橙 e 网旗下的橙 e 生活是一个生活周边优质产品服务平台，拥有集团海量优质客群资源（员工、客户），拥有优质的企业资源和银行对公客户经理推广队伍，通过尽可能的生活刚需服务以及“软硬”大数据精准营销粘住平台粉丝，提高橙 e 平台活跃度。橙 e 生活是平安银行 B 端企业客户与集团 C 端客户链接的桥梁，是橙 e 网 C 端用户活跃载体平台，更是平安银行差异化竞争的重要平台。

四、橙 e 网的战略目标

平安银行试图通过橙 e 网持续打造“供应链金融 + 互联网金融”平台战略。在互联网金融商业变革时代下，平安银行确定了“做互联网时代的新金融”的战略，并将“互联网金融”作为潜心打造的四大业务特色之一。为此，平安银行专门设立了网络金融事业部，作为全行创新商业模式、优化服务手段、提升客户体验、推动银行业务全面互联网化“新常态”的装备事业部。

橙 e 网是一个集网站、移动 APP 等各项服务于一身的大型平台，意在帮助中小企业建立更加完善的“电子商务 + 综合金融”的生意管理系统和营商生态。橙 e 网是平安银行支持传统企业互联网转型升级推出的“供应链金融 + 互联网金融”整合服务平台。

橙 e 网协同核心企业、物流服务提供商、第三方信息平台等战略合作伙伴，让中小企业免费使用云电商系统，以实现其供应链上下游商务交易的电子化协同。在橙 e 网构造的电商网络生态体系，无论是企业还是个人用户，都可以进行在线商务（客户可以利用橙 e 平安管家在线下单、发货、结算和对账，即上下游协同管理在线进销存）、在线支付（因生意而付款）、在线融资（因生意而融资）、在线理财投资（客户可以在商城选取自己满意的理财产品）。橙 e 网同时还嵌入了交叉销售的功能，把平安集团的保险产品等内嵌到平台中去，为客户提供一站式的综合金融服务。

橙 e 网中的橙 e 财富、橙 e 融资以及第三方信息平台有着特殊的意义。橙 e 财富将融资扩展到资产管理领域，既可以探索一些类资产证券化的服务以应对界外机构竞争，同时也为平台上众多 B 端用户（企业）的具体经办人 C 提供了一站式理财增值服务。橙 e 融资则可以服务于供应链的全链条企业，而不仅仅是上游企业。在国外，供应链金融更为常见的模式是借助核心企业为其上游企业提供供应链金融服务，而对于橙 e 融资，它把融资服务拓展到了整个产业链，包含了上、中、下游的所有企业。

橙e融资将第三方信息平台作为批量获取供应链金融客户的战略合作伙伴。供应链金融3.0时代是平台与平台之间的竞争，而第三方信息平台，特别是细分行业的深度垂直产业互联网平台，是橙e融资直接介入合作的对象。例如，橙e网与海尔B2B电商官网建立了系统级对接合作，只要是海尔经销商，且合作年限一年以上，就可以申请橙e平台的平安管家、融资等一系列服务。

同时，橙e网与政府、企业、行业协会等广结联盟，广泛汇聚企业的价值信息数据并探索基于大数据挖掘创新网络融资服务。橙e网秉承供应链金融领先优势，通过形成“订单、运单、收单”闭环数据，集成“价值信息+供应链信用”，推出了一系列网络融资产品。如与大型超市服务平台合力中税合作推出“商超供应贷”，与海尔电器日日顺平台推出“采购自由贷”，与上海电子口岸的东方支付平台推出“货代运费贷”，与行业垂直类电商惠海国际推出“赊销池融资”，与跨境供应链服务平台一达通推出“在线贷贷平安”，与各地政府、产业园区合作基于纳税人在税务机关的纳税记录推出“橙e税金贷”等，帮助中小企业借助商业信用、交易信息和日常经营管理信息，有效降低信贷门槛和借贷成本。

橙e网与阿里金融在商业逻辑上有较多相似之处。阿里小贷依托阿里巴巴平台的大数据，建立自己的风控体系，通过小贷业务变现数据积累。橙e网则以免费的平安管家“在线进销存”云服务吸引大量的供应链上下游企业，协同商流、物流、资金流、信息流等伙伴搭建供应链金融生态，通过“四流”让供应链产生的数据变成富矿。此外，橙e网还与第三方信息平台合作，与这些平台交换订单、运单、发票等有效信息，基于大数据分析为客户提供互联网金融服务。

与此同时，橙e网还将微信订阅号、微信服务号、橙e网建成“O2O营销”“O2O服务”“O2O金融电商”的协同互动架构，形成微信订阅号营销导入流量、橙 e 网电商经营流量、微信服务号以服务转化流量的良性循环。平安银行公司微信服务号积极探索网络虚拟平台与银行线下网点的互动创新，率先推出微信开户、票据贴现预审预约等 O2O 服务，持续向橙 e 网转化流量客户。

对传统金融机构而言，互联网不是一个新话题，却是一个需要认真应对的新问题。新的互联网金融机构不断涌现，确实给传统金融机构带来了很多业务上的压力。但事实上，传统金融机构通过互联网技术进行金融创新也有一定的优势。就平安银行而言，整个橙 e 网已经形成了一个闭环交易系统，打通了供应链金融的全部环节，橙 e 网让平安银行在银行业的创新能力、互联网思维等得到了社会公众的进一步肯定。

第二节 橙 e 网经营模式

橙 e 网延续了平安银行领先的供应链金融能力，意在构建平台式供应链金融，实现“供应链金融 + 互联网金融”的深度融合与极致体验。橙 e 网基于客户日益增长的在线商务需求，提供与之相匹配的在线支付、在线融资、在线增信 / 见证、在线理财增值、在线保险和账户管理等一站式服务，通过“PC+Pad+Phone”三屏一体的立体服务渠道，与柜面服务打通，形成全渠道的 O2O 服务体系，领先布局移动互联网金融服务。 橙 e 网坚持“开放、协同、共享”的互联网精神，推进多形式、多层次的“互联网 + 产业 + 金融”协同创新。一方面，延续传统供应链金融“1+N”模式既有优势，与更多的核心企业协同合作，以核心企业为中心、依托上下游链条关系拓展服务到上游的上游供应商、下游的下游经销商，实现金融服务全链条覆盖，同时将“1+N”模式升级到以任一企业为核心的“N+N”模式，依托企业间或第三方交易数据，强调客户体验，扩大服务范围。另一方面，橙 e 网与多方市场主体建立广泛联盟，强化平台与平台的合作，实现橙e网高效赋能、批量获客。

一、从“1+N”到“N+N”

无论是在供应链金融1.0时代、2.0时代还是3.0时代，平安银行的供应链金融自始至终都秉承“因商而融”的理念。所谓因商而融，即供应链金融业务的着眼点在于服务供应链上下游之间的交易，包括如何通过支付结算、融资、增信、信息撮合等服务方便交易的达成和最终履行。同时，平安银行在创新具体的业务模式方面与时俱进，适配于当前的社会、商业、技术环境。供应链金融1.0和2.0下的“1+N”中的“1”是核心企业，相应的业务也是围绕这个“1”来开展。供应链金融3.0时代，“1”的主体更加多样化，不仅包括核心企业，同时也可以是一个平台，如第三方信息平台、电商平台、供应链协同平台，或是第三方支付公司、政府机构等。“N”也不再局限于核心企业的上下游，也可以泛指平台、支付公司、政府机构等平台的客户。供应链金融3.0适应当前互联互通的时代，将传统“1+N”的模式推展到围绕中小企业自身交易的“N+N”模式。

平安银行橙e网以任一企业为核心的“N+N”模式，依托企业间或第三方交易平台掌握的交易数据，试行“交易信息+信用”的全新供应链融资，对风控理念有新的突破。供应链金融1.0和2.0模式下，银行对供应链的上下游进行融资业务，风控的着力点还是在核心企业，看核心企业的主体资质和链条的交易结构。一旦出现上下游违约的情况，通过其与核心企业的交易安排来缓释和降低风险暴露。但在银行同业竞争日趋激烈，利率市场化的步伐日趋临近的背景下，依赖传统业务模式生存的市场空间越来越小，各家银行都在实施客户下沉战略，发力中小微企业客户群体，把供应链金融业务的触角延伸到核心企业上下游的多级供销体系，或直接切入经销商、供应商的上下游提供金融服务。

橙e网的“互联网+供应链融资”解决方案，志在实现全产业链的金融服务覆盖，被冠以“网链平安”系列融资服务，将平安银行在供应链金融领域深耕十多年的实践，借助互联网平台，覆盖到上游的供应商、下游的经销商；同时服务于更小体量的“1”及其上下游客户。橙e网更将供应链交易概括为“熟客交易”（区别于阿里平台的“陌生交易”），根据供应链“熟客生意圈”的特点，提供有交易伙伴之间长期形成“商业信用”支撑的不一样的融资安排。

“网链平安”系列融资解决方案，纵深贯通全产业链，同时为客户提供融资、结算、理财、商务服务的综合解决方案。橙e网以企业生意协同为中心，展开融资流程，以全产业链视角促进企业转型升级，通过产业链整合、供应链优化，总成本显著下降，最终受益的是中小企业和终端用户，普惠金融的理念得以实现。

二、围绕“四流合一”开发SaaS云服务

平安银行橙e网基于现有产业链客群及供应链金融的业务结构，创新“供应链金融+产业基金”的业务运作模式，满足产业链龙头企业和产业生态主要参与者联合开展供应链金融服务、提升链条把控力的需求，借此开拓优质产业链市场，推行供应链金融应用云端化，并围绕“四流合一”的业务构想，开发了“平安管家”“发货宝”等免费的SaaS云服务，支持中小企业零成本、快速实现电子商务转型升级。

“平安管家”是平安银行倾力打造的国内首款SaaS模式的免费在线进销存（无须软硬件，网站登录）和供应链协同平台，实现中小微企业的业务信息化管理。轻松实现在线订单、进销存、物流、收付款等，并实现供应商、客户、分销商、物流商的在线业务协同工作，提升企业的运营效率，

降低企业管理成本，提升企业竞争力。平安银行计划打造基于“熟人生意圈”的“电子商务＋互联网金融”发展模式，利用“平安管家”整合企业运营信息，在降低银行贷款风险同时，缓解中小企业融资难题。

“平安管家”里供应商开放的商品，客户可以查看并可以直接下进货订单，客户的进货订单经供应商确认后，可以直接生成供应商的销售订单。“平安管家”提供在线订单、进销存、物流、在线支付款、在线融资等资源供用户选择，方便用户的使用。“平安管家”的主要特点是：一是数据保密，所有注册用户享受银行级账户保密服务，保证不向任何第三方提供数据信息；二是数据存储，采用高性能的服务器设备、安全设备、防灾设备、数据备份设备，保证用户数据24小时安全运行；三是数据保险，每一位注册用户均获中国平安保险的数据保险。

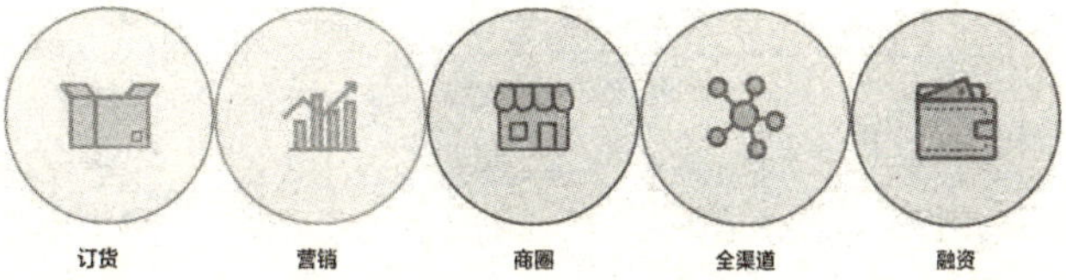

服务	优势
1. 平安管家是一款免费的在线进销存管理软件；	1. 完全免费：企业用户只需简单注册即可免费使用，无需安装软硬件；
2. 平安管家帮助企业降低结算手续费以及提供贷款便利性；	2. 四流合一：整合商流、物流、资金流、信息流，一目了然，轻松管理；
3. 平安管家帮助企业进一步规范采购、销售、出入库、收付款等业务流程；	3. 多方协同：打通与上游供应商及下游的供应商、客户、分销商以及物流公司之间的业务协同；
4. 平安管家帮助企业老板实时掌握企业经营数据，便于快速做出决策；	4. 在线融资：随时发起订单的在线融资，降低融资成本与缩短融资时间；
5. 平安管家支持企业向供应商或企业的下游客户在线下单，提高订货准确率和效率（即上下游协同）。	5. 安全保障：提供银行级的安全管理，确保数据安全可靠。

图1　平安管家的服务与优势

使用平安银行“平安管家”的用户，不管是制造型企业、流通型企业还是服务型企业，都可以利用“平安管家”在PC端和手机端在线管理进销存，在线与上下游客户协同做生意，在线发货，在线支付、融资，实现订单、运单、收单与金融服务的一体化。“平安管家”还与多家云基础应用、企业协同、云通信等企业云服务提供商组成联盟，更好地为中小企业提供优质的云服务，让中小企业一开始就可以借助互联网云平台体验“互联网+”的真正福利，让其商务活动能够以最快速度、零成本实现企业商务流程的电子化。

橙e付则是平安银行橙e网为电商平台搭建的一个集合多种收付方式的收银服务体系，包括银行网关、快捷支付、PC和移动端跨行收单、跨行代扣、超级网银、微信支付等当下常见的在线支付方式，实现一个端口接入、点选开通多种支付方式，并因为银行批量接入的规模优势享受更低的手续费优惠。

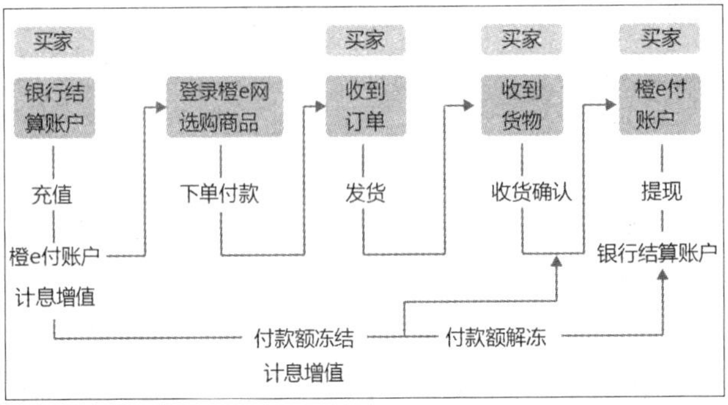

图2 橙e付管理资金往来的流程

橙e付主要有三个优势。一是便捷、零收费、随心付。橙e付实施网上开户，充值提现免手续费，金额次数无上限，并且7×24小时在线业务办理、跨行提现最快实时到账。此外，橙e付整合订单、资金流、商流及物流信息，方便管理。二是轻松实现资金增值。资金存入即享活期利息，实现账户日日增值，并且还有更多高收益理财产品可供选择。三是多重安全保障，帮助客户安心支付。橙e付具有强大的密码管理系统，并绑定银行同名结算账户，实现双重保险，让客户更安心。

三、多平台合作的生态圈

平安银行橙e网遵循开放互联网“流程数字化、产品组件化、服务主动化”的建设原则，打造数据型、标准化、平台化产品，满足全产业链客户需求。同时，平安银行与多方市场主体建立广泛联盟，强化平台与平台的合作，实现橙e网高效赋能、批量获客。

橙e网通过插件式基础金融服务与数十家联盟平台、产业链核心企业联盟合作，批量获取大量客户，并且通过联盟合作补偿和提升产业服务能力。同时，橙e网一方面进一步规划和明确网络融资、现金管理与商务支付、电商政务资金管理与账户体系、门户用户体系、商务协同、物流金融等自身核心能力；另一方面，在“金融插件”积累的基础上，通过联盟方式（包括成立电商俱乐部、投行化联盟等方式），迅速扩展橙e网的产业服务范围，形成产业金融服务竞争力。伴随产业服务能力的提升，可以吸引的客群会随之批量增加，最终形成橙e网自我运转、相互驱动、持续发展的良性循环。

橙e网力图在经营产业互联网金融业务的基础上，进一步整合资源、建设能力，向轻资产运营、用户流量经营和构建数据能力壁垒的业务形态演进，其基础应用结构为：依托电商闭环交易数据，连通产业环境中的多方资金、资产端，并以此为基础提供金融服务。

平安银行橙e网与数以百计的各类型平台建立了多形式业务合作关系。比如，通过与中企永联、广州瑞智、上海文沥等供应链服务平台对接，基于这些第三方服务平台掌握的供应链熟客交易的真实数据，为链条供应商与经销商提供线上融资服务。例如，联合中企永联在汽车行业运用互联网“大数据”为上游零部件供应商提供融资服务；与合力中税对接推出发票贷，通过及时了解和掌握企业与上游供应商之间的订单、收货、发票、付款等信息，为客户提供从借款、还款到尾款转出及查询等操作的全流程线上融资和应收账款管理服务。这些创新模式具有很强的示范意义和推广价值，橙e网与一达通、用友、金蝶等一系列平台均已完成对接，透过此种联盟，力图将多方平台上数以百万计的小企业客户纳入平安银行的金融服务范围，通过交易数据和行为数据为中小企业提供融资服务，解决中小企业融资难和融资贵的问题。

第三节　橙e网的品牌传播策略

平安银行在将橙e网定位为“熟人生意圈”的基础上，聚焦趣味性、权威性和持续性的品牌传播策略。所谓趣味性，就是通过新媒体及跨界方式覆盖人群植入产品，实现大众化参与专业平台。权威性要求借助专业、官方、权威的佐证强化行业地位和平台的权威性。持续性则要求维护舆论环境不断引导优化积累长期认同。

一、品牌内涵与外延不断丰富

随着橙e网三年战略规划不断落实、推进，橙e平台的功能与应用日益丰富，品牌内涵不断延展。为了让客户及潜在客户不断加深对橙e网品牌的认知，橙e网与《21世纪经济报道》合作，制作了《一张图告诉你橙e网到底是神马？》《看橙e网如何玩转熟客电商》图文帖，并在多个平台传播，深入浅出地对橙e网进行了多维度的解读，得到了客户的良好反馈。此外，平安银行对“橙e券”平台进行了重新升级与包装，以全新的“橙e生活”形象亮相，并启用了新LOGO和新的UI。

二、创新营销传播方式——跨界 +Social

橙 e 网不断创新营销传播方式，策划实施了一系列的“跨界营销 +Social 营销”活动。以微信为主要传播载体，通过热点话题借势营销、用户分享、KOL 自媒体推广等方式，并配合平面媒体、网络媒体等传播渠道，对橙 e 网品牌及重点业务展开了全方位的公关传播工作。橙 e 网先后与蘑菇街、滴滴打车、优酷、百合网等国内互联网龙头企业，进行了多种形式的营销合作，并借助其优势资源，提升双方用户的体验。

这些“跨界营销 +Social 营销”活动，形式多样，内容新颖，给橙 e 网目标用户带来实实在在优惠的同时，也为橙 e 网开拓了大量的新流量、新客户。

三、提升平台用户黏性——形成良性循环传播体系

在提升用户平台黏性方面，橙 e 网不仅结合时事热点，进行趣味传播，还推出常态化福利活动，提升平台用户活跃度。为此，橙 e 网展开了一系列的新媒体营销互动活动，通过新媒体渠道进行传播，逐步形成良性循环的传播体系，助力橙 e 网老用户留存率的提升和新用户的转化。

2015 年 9 月，围绕中秋节，橙 e 网策划了“会说话的中秋礼物，听得见的祝福”活动。该活动共使用了 5 个微信公众号、350 个好友数 2000—5000 的微信朋友圈分享。其中，微信公众号阅读数近 2W，350 个朋友圈分享带来曝光率超 100W。而在微信公众号的选择上，橙 e 网精选了 2 个财务、会计类的微信公众号进行传播，以吸引财务、会计人员来关注橙 e 网微信公众号，进一步优化新粉丝与橙 e 网的匹配度。此外，在 10 月、11 月，橙 e 网还陆续开展了“糖果大作战”“感恩爱心传播”等活动。

这些趣味性、常态化的福利活动，在取悦平台存量用户的同时，也为橙 e 网开拓了新用户，进一步提升了平台的活跃度与黏性，也正是通

过这些阶段性的优惠、福利活动，让客户有机会进一步了解橙 e 网的品牌与产品。

四、活动推广效果显著

近一年，橙 e 网组织或出席了 2016 世界电子商务大会、跨境电商与互联网金融融合创新论坛暨金橙（跨境）电商俱乐部成立仪式、第三届互联网金融全球峰会北大论坛、供应链电子商务与金融融合创新工作交流会、新银关通银联支付客户推介会、第三届在线供应链金融推进大会等一系列重要会议、论坛，并围绕活动展开宣传，得到《金融时报》、《中国证券报》、《信息时报》、《上海金融报》、《21 世纪经济报道》、新浪财经、和讯网、财新网、华夏时报总编辑水皮等主流财经媒体、新闻人及 KOL 公众号的报道，取得了良好的传播效果。

五、“橙粉”经营再上新台阶

橙 e 网以微信订阅号为核心，先后策划组织“新年送流量”“橙 e 好福利”“免费吃麦旋风”“51 照片征集”等新媒体互动活动，将营销、商务、服务有机衔接，逐步形成良性循环的传播体系，助力老“橙粉”留存率的提升和新“橙粉”的转化。2016 年 5 月中旬，橙 e 网借助 520 的节日效应，上线了签到有礼活动，并将该活动作为橙 e 菜单栏固定栏目，为橙 e 网平台增添了趣味性，提升了粉丝粘性。

针对时事热点及业务特色，橙 e 网原创了《他才是地球上真正的男神！》《好好的酒店不能说没就没》《美队 3 来辣！他们可能是地球上最强的送货员！》等多篇内容，并精选编辑图文，增加标题新颖、富有趣味性、励志故事类、生活相关的话题文章，实现单篇文章最高阅读 4.15 万次。

六、斩获各类奖项——“橙果”获社会各界高度肯定

橙 e 网秉承“跳出银行办银行”的理念，颠覆了以往以融资为核心的金融模式，更多以企业的交易流程为核心，深度参与产业链经营转型，积极探索 B2B、B2C、C2B 等创新业务模式，开拓践行“1+N”“N+N”“平台 + 平台”等实施策略，助力中小企业电商化、互联网化升级，得到了行内外社会各界的广泛关注和好评。因此，橙 e 网斩获多项知名奖项荣誉，体现了各方认可，奠定了行业地位。

2015 年 10 月，由二十一世纪传媒、《21 世纪经济报道》主办的“2015 中国品牌价值管理论坛”暨“第十一届中国最佳品牌建设案例‘金象奖’”颁奖典礼在上海成功举办。其中，平安银行橙 e 网被授予了“中国品牌建设案例‘金象奖’——最佳创新营销奖”。

2016 年 5 月，在《银行家》杂志社主办的“中国金融创新论坛暨 2016 中国金融创新奖颁奖典礼”上，橙 e 网的“互联网 + 产业 + 金融战略与创新实践”案例斩获“十佳互联网金融创新奖”。

第四节 橙 e 网的成功案例

平安银行将“互联网金融”定位为银行的四大特色业务模式之一，并在组织架构上单独设立公司网络金融事业部——橙 e 网平台。该平台是全行唯一的平台事业部，专职于互联网金融产品的创新与推广，与政府、企业、行业协会等广结联盟。与此同时，构建“PC+Pad+Phone”三屏一体的立体服务渠道，推出公司业务微信、橙 e 网订阅号，全面、深入经营用户，并与柜面服务打通，形成 O2O 服务体系，领先布局移动互联网金融服务。以下是平安银行橙 e 网在供应链金融领域的几个典型创新案例。

一、与广州商品交易所合作

在“互联网 +”时代，传统的实物交易模式显然不能满足互联网时代的需求，于是，广州商品交易所（以下简称“广商所”）希望搭建专业化钱币邮票电子交易平台，推动钱币邮票交易市场的高效规范运行，避免实物交易的诸多弊端。但是，搭建电商平台并不是创建一个网站那么简单，广商所还面临着三大难题：一是对注册会员进行审核确保信息真实性；二是对会员账号进行管理保证系统安全稳定性；三是对交易资金进行存管提高平台的公信力。于是，广商所选择与银行进行合作，而当时除了平安银行，包括四大行以内的多家银行也纷纷伸出橄榄枝。

对于广商所而言，此时的关键在于哪家银行能最快完成平台的搭建。在与银行各个团队长达半个多月的沟通磨合后，平安银行广州分行团队率先完成方案的提交和平台的设计；同时考虑到双方有一定的合作基础，并且平安银行在互联网金融方面良好的发展态势，最终广商所选择了平安银行广州分行。

平安银行广州分行为广商所提供交易资金第三方存款方案，从会员注册、交易、充值、提现到最后的清算对账全流程嵌入服务。在会员注册认证方面，如果是已经在平安银行开户的企业和个人开通网银即可签约。而未在平安银行开户的企业和个人通过平安易宝注册，上传身份资料后，平安银行广州分行将通过对接公安部身份验证系统验证个人会员户名身份证是否相符，通过柜面人员核对企业上传的资料进行审核。当然，会员也可以绑定一个会员在任意银行开立的同户名账号，交易中心通过后台接口将会员信息传送给平安银行，会员不需登录银行系统注册。

平安银行为广商所提供资金托管服务，为广商所电商平台开立专户作为存管账户，用于存放交易上的交易结算（保证）资金。并对该户实行封闭运行管理，只能用于会员交易资金划转、平台手续费收取、与合作商家清算等指定用途划转；同时，将会员银行结算账户与银行存管账户的虚拟子账户实行绑定，会员所有结算资金的转出只能划转到指定的银行结算账户，不得以现金或其他转账的形式划转资金；而虚拟子账户与平台为会员开立的交易资金账户一一对应。虚拟子账户用于控制会员出金的可取余额，平台为会员开立的交易资金账户用于控制交易的可用余额。

如果会员绑定的账户是平安银行账户，则可通过交易市场平台端直接发起充值 / 提现交易。如果会员绑定账户已加挂在平安银行网银下，则会员还可以登录平安银行个人或者企业网银发起充值 / 提现交易。其他银行会员可通过从绑定的他行同户名结算账户向交易市场在平安银行的资金存管专用账户转账的方式实现充值 / 提现。

会员下单预支付后，平安银行将对交易期买方货款进行冻结，不允许买方提现，保证交易期间资金安全。每日交易结束后对广商所电商平台专户进行清算并与平台进行对账，核查存管专户，包括总账核对、分账核对、充值提现资金明细、开销户明细核对。如发生对账不平，银行生成对账不符记录明细文件，并发送至平台服务器，双方可及时查明原因。

经过一个多月的开发测试，2015 年 8 月 11 日系统上线，8 月 21 日首批商品上市。数据显示，当天开立会员子账户 4216 个，其中平安易宝会员数为 387 户。当天申购资金非常可观，创造了该分行单日存款最高增额的历史。

广商所钱币邮票电子交易平台解决了以往收藏者线下实物交易过程中的各种问题，通过与银行合作对交易资金进行托管，提供一种全新的安全的交易模式，给邮币收藏投资带来新的发展契机。在整个过程中，平安银行扮演着最佳合作伙伴的角色，通过嵌入电子商务平台在支付结算、投资理财、网络融资方面的需求，支持传统企业互联网转型升级，不断扩展合作伙伴，打造“共性平台 + 应用子集”的开放式平台，力图通过强强联合，挖掘行业更多的潜在市场空间。

二、青岛菜源农贸·平安管家

青岛菜源农贸有限公司是集蔬菜生产、加工、配送一条龙服务的综合发展公司。拥有自有菜园2000多亩地，并以“农产品经纪人”身份向各农户采购蔬菜，在青岛各大超市设立专职导购，通过“超市联营”模式，向青岛及周边超市进行供货。

由于“超市联营”与“公司+农户”模式的特性，采购与导购每天都必须在农村与超市高频度下单，在业务不断发展与扩张中，该公司面临以下几个管理难题：一派驻在数十个超市的导购员集中在傍晚电话向自己公司下单，总部客服人员难以招架；二电话下单难以准确描述，并且场景复杂，差错多；三重复了劳动力，员工经常加班到深更半夜整理数据，苦不堪言；四公司的销售与进货记录依赖于手工帐，数据难以准确及时掌握。

通过平安银行平安管家的实施应用，帮助青岛菜源农贸有限公司解决了一系列在未使用软件之前遇到的管理难题：一整个订单流程全部在平安管家上进行，极大地提升了工作效率。之前，10个导购员通过电话下单约需要50分钟，使用平安管家后仅需要5分钟，效率提高10倍；二每笔订单都有据可查，自动生成报表，非常方便账目核算；三来自超市导购的订单的数据及时与公司的进货计划进行完美匹配，严格按照以销定购，避免了盲目采购，既满足了客户需求，又降低了公司成本。

三、金蝶ERP数据贷

金蝶是国内领先的企业管理软件及ERP云服务商。金蝶中国是平安银行重要的平台战略合作伙伴之一，其目前已打通包括KIS、友商网、智慧记在内的中小企业ERP产品线，完成了针对金蝶中小微ERR客户全产品线的标准化建模，建立了产品线之间企业客户财务、进销存数据的无缝衔接及快速共享机制，服务的客户超过 500 万。

“金蝶 ERP 数据贷”项目的实施，为平安银行引流更多优质客户资源的同时，也为金蝶中国数百万的中小企业客户提供更丰富的融资、资讯、理财等综合金融服务，提升其自身的 ERP 平台客户服务水平，实现双方的共赢。

橙 e 网通过与金蝶 ERP 平台对接合作，在经客户授权后，取得其使用金蝶 ERP 产品的经营数据。通过对经营数据的分析建模，在平安银行橙 e 网体系下，为小企业主提供以小额信用循环授信为核心的，含结算、融资、理财、资讯等多项功能的综合金融服务方案。从实际应用看，“金蝶 ERP 数据贷”产品具有四个优势：一效率优势：额度审批效率高，24 小时可放款；二操作优势：操作简便，在线申请，随借随还；三利率优势：相同贷款额度情况下贷款利率较低；四平台优势：以融资作为切入点，依托橙 e 网，为客户提供管理、结算、理财、资讯等多方面的综合金融服务。ERP 数据贷产品特点与优势如下图所示：

大数据可变现	· 只需提供企业采购、销售和财务数据即可申请贷款，最高可贷100万
免抵押低成本	· 无需抵押，真正的信用贷款 · 融资成本低，年化利率12%，数据规范更优惠
门槛低易操作	· 申请便捷，足不出户在线申请 · 还款方便，随借随还
效率高放款快	· 提交申请后，48小时内完成额度审批 · 在线提交出账申请，分秒到账
ERP客户专享	· 金蝶、用友等第三方ERP平台客户专享

图 3 ERP 数据贷产品特点与优势

四、海尔·采购自由贷

橙e网与海尔集团的B2B平台合作推出采购自由贷，经销商从在线发起订单，到平安银行橙e网网络融资平台完成贷款交易，最快只要6分钟，为客户带来极致体验。海尔全资子公司的B2B平台的定位为集信息流、物流、现金流为一体的大型开放式服务平台。海尔集团的2万多家经销商可在平台上在线下订单，发起在线融资申请，实现对订单、物流、资金等信息的跟踪。

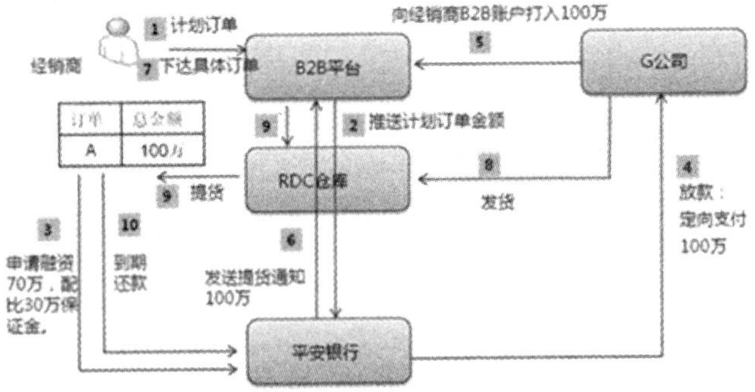

图4　采购自由贷方案示例图

平安银行橙e网与海尔的B2B平台实现无缝对接，双方共享订单、物流、资金等信息，合作推出“采购自由贷”。采购自由贷极大降低了经销商的准入门槛，大幅简化了经销商的授信资料，对业务进行批量授信、批量开发。经销商无须抵押，免担保，只要和海尔生意往来超过一年时间，不论经销商规模大小都可以向银行申请融资。

在该平台合作下，已经为海尔超过600个经销商提供在线的授信支持。平安银行以此种模式为蒙牛乳业、美赞臣、宝洁、红牛等数十条产业供应链数千家经销商提供采购自由贷服务，助力产业升级。

五、蘑菇街·电商见证宝

橙 e 网和国内知名的电商平台蘑菇街合作，一是通过“电商见证宝”账户服务体系，为蘑菇街搭建了一整套涵盖“平台总钱包账户 + 用户子钱包账户 + 担保支付钱包账户 + 其他特定用途核算账户”在内的总分钱包账户体系；二是通过“橙 e 宝”解决用户钱包账户的增值问题，直接提高蘑菇街总钱包账户的资金沉淀量；三是通过门户联盟联合营销，实现客户相互引流。用户通过蘑菇街注册理财账户，可以直接购买橙 e 网的优质“宝宝”类理财产品。而蘑菇街借助平安银行的金融支持，可以更便利地为其 9000 万用户提供账户体系和资金增值服务。

此外，橙 e 网为国内电商平台提供多种银行网上支付和集中收款服务，为平台和用户建立钱包账户体系，提供交易结算见证和担保支付、账户自动增值、电商商户数据信用贷款、电商平台物流发货等一体化服务；为跨境电商提供与海关的数据实时传送与对账，并通过与第三方支付公司的对接，提供 7×24 小时的实时结售汇服务。

案例启示

平安银行橙 e 网是典型的供应链金融的生态圈建设模式，橙 e 网则充当了该生态圈的重要平台。在该生态圈中，有金融企业、供货商、购买商、物流企业等众多成员。橙 e 网这一模式突破了传统金融企业的业务模式，由金融服务转为第三方乃至第四方服务。那么如何建设好该平台，并把相关品牌形象传播开来，以吸引更多的参与者便成为橙 e 网的重要品牌传播战略目标呢？橙 e 网从技术支持、业务模式和品牌传播等方面都做出了独到的探索。

1. 技术支持战略。金融生态圈的技术十分复杂，涉及信息流、资金流、物流等多个流通渠道，需要打通线上线下多个环节，并能做到各环节之间的无缝链接。这些技术包括订单管理技术、仓库管理、运输管理、收付款管理以及客户管理等多方面的技术支持。例如订单管理就涉及支持上下游订单协同，支持订单分批出入库，支持订单在线付款、核销，以及支持批量收付款等。仓库管理则涉及支持仓库、门店的要货申请，支持仓库的出入库管理，支持库位及库存管理，支持收货发货查询等。运输管理包括支持运单管理、支持代收货款管理、支持从第三方仓库发运和支持运输过程跟踪查询等。收付款管理涉及支持运单管理、支持代收货款管理、支持从第三方仓库发运和支持运输过程跟踪查询等。客户管理则涉及欠款客户数量、应收账款情况、仓库存货商品以及新增客户等。要把这些技术整合成一个高效的运行系统需要高端技术投入，既包括硬件设备的投入，也包括软件环境的建设等等。高效的运行系统构成了橙 e 网的基础条件。

2. 业务模式创新。光有技术投入尚不能决定系统运行的可持续性，还需创新业务的盈利模式方能保证橙 e 网的可持续发展。橙 e 网十分巧妙地抓住了客户需求，进行业务模式创新。“熟人生意圈”的一个主要特点就是资金的小规模短期借贷，一般的银行信贷业务不愿意触及这一块，因为规模太小，客户信用条件难以甄别也会导致信贷成本和风险增加。而橙 e 网充分利用了互联网的技术条件，把业务延伸到了这个长尾市场，并且在此基础上，帮助客户进行生意和顾客管理，提供了第三方服务，实现了生态圈平台的增值。

3. 品牌传播模式的创新。橙 e 网围绕着趣味性、权威性和持续性三个方面着力思考品牌传播的问题。从趣味性来讲，为了积累人气，橙 e 网通过三个方面的切入点吸引顾客参与活动，即“紧贴热点借东风”“新媒体密集覆盖”和“大玩跨界造影响”。通过节点引起注意，制作好玩又有福利拿的游戏，来更好地迎合客户的眼球——在重要节日如中秋、春节、双十一等热门节日，通过微信、微博等新媒体渠道给会员发放福利，并利用新媒体形式做推广。平安银行抓住了互联网环境下的重要传播形式——图。互联网时代是一个读图的时代，即互联网时代最重要的传播形式是图。平安银行在获得一系列的关注之后，通过一系列深入浅出地图文用最简洁的方式将橙 e 网进行拆解和诠释。同时除了关于橙 e 网本身的“趣味科普”外，平安银行还通过密集的常态化的多维度福利活动增加受众黏性。这些活动有“寻找最佳创业合伙”“一封迟到的家书”“七夕搭鹊桥”“新年送流量”“橙 e 好福利”“免费吃麦旋风”“51 照片征集”等等。在引起注意、获得黏性后，橙 e 网为了进一步扩大影响，将跨界作为最重要的手段，不断进行活动与合作的展开，诸如娱乐名人资源跨界、电商平台跨界、滴滴出行跨界、优酷网跨界、百合网跨界等等。

在权威性方面，则通过专业行业立威名，在通过多渠道塑造形象后，不断与政府、企业、行业进行联动，深化专业权威性。例如在跟政府的合作方面，橙 e 网联合中国互联网协会、互联网金融工作委员会合作启动了“中小企业电子商务服务示范工程暨中国互联网金融百万中小企业成长助力计划”，帮助百万中小企业基于橙 e 平台建立属于自己的“电子商务 + 互联网金融”云服务平台；在济南、上海、北京等多地举办“中国企业家卓越大讲堂”活动，来推广传统产业互联网转型升级和橙 e 网平台，参与企业达 600 家。橙 e 网还与西安高新区成功合作推出税金贷（政务数据贷），税金贷是以企业依法向国家和地方政府纳税额度为核心依据，给予企业纯信用贷款的互联网金融贷款产品，向近 3 万家中小企业开放。

在与企业合作方面，橙 e 网和海尔合作，推出了采购自由贷，使海尔集团的 2 万多家经销商可在平台上在线下订单，发起在线融资申请，实现对订单、物流、资金等信息的跟踪。在与行业合作方面，橙 e 网多次邀请专家学者展开专业论坛与研讨会，举办普惠金融大会——移动金融服务时代，以及参与 / 发起一系列各行各业的发布会、研讨会与论坛。

通过品牌传播模式的创新，橙 e 网依靠对传播路径与传播趋势的全方位把控，将创新、零基础的金融服务立体化、娱乐化，借助立信、立身、立言的阶段性传播，迅速完成了从 0 到 1 的积累，在众多银行互联网金融尝试中脱颖而出。